唤醒自愈力

用禅的智慧疗愈身心

包祖晓 著

华夏出版社

致　谢

在此，我谨向我的母亲池玉香、妻子张丽以及女儿包静怡表示感谢，感谢你们的爱与宽容，感谢你们的陪伴，感谢你们的照顾。

我想向我的来访者表示感谢，感谢你们的信任，在你们成长的同时，我也在成长，没有你们提供的临床资料，我无法完成此书。

我想感谢浙江省台州医院心理卫生科的陈宝君、虞安娜、李燕、尹世平、章永川以及台州市中心医院的李黎，感谢你们提供的素材。

我还想感谢好友何贵平、戴相尚、张远怀、林晓辉、叶犇，感谢你们提出宝贵意见。

最后，向所有帮助过我的人表示感谢。

前　言

自古以来，人类从未停止过对健康和长寿的追求，但是，衰老、疾病和死亡却始终在不远处等着我们。不管现代医疗技术如何发达，疾病仍然是我们生活中一个不期而遇的困扰因素，它影响着我们的生活质量，有时甚至成为威胁生命的可怕杀手。

人们为了能够在医疗条件好一些的医院、找医术高一点的医生就医，托朋友、找关系、送礼物，耗费大量的人力物力，但是，仍然达不到理想的效果，倾家荡产仍未把病治好的情况比比皆是。

目前，过度医疗现象、过度检查现象以及医患矛盾问题，让许多人对医院望而却步，转而求助于养生和"治未病"。一时间，"讲养生知识"、"写养生书籍"、"做健康节目"……与健康有关的活动风起云涌。

我们常常听到有人说，虽然生活不顺利，但至少我们还拥有健康，这便是好的。

已故德国哲学家海德格尔提出："人是'向死的存在'。"如果从存在主义哲学和心理学的角度看，上述现象的背后原因可能是：在个体面对存在的既定事实时引发出来的冲突。这里的"既定事实"是指某些终极关怀、某些人之所以为人的必然特质，主要包括死亡、自由与责任、孤独和无意义。而这些必然特质会以健康焦虑、身体不适以及疾病的方式表现出来。

严复、冯友兰等哲人指出，宗教总体上来说是教育教徒们如何从容面对死亡。遗憾的是，国人的宗教感相对薄弱，故中国人较之其他众多民族对死亡高度恐惧。在我们的大众文化中，往往回避从个体性角度去讨论死亡、自由、孤独及意义问题。

作者曾经是个内科医生，由于对疾病的药物治疗不甚满意而转入精神/心理卫生领域，而在发现精神科药物和常规的心理治疗方法解决生命深层次问题的局限性之后，便一头扎进佛禅学中，发现佛禅学在生命观、健康观、疾病观等方面与存在主义哲学和心理学观点是相通的，其对治疗病痛的方法与世界上许多疗愈方法是兼容的。

有鉴于此，作者以自己长期的临床实践为依托，在整理大量国内外文献和临床经验的基础上，撰写《唤醒自愈力：用禅的智慧疗愈身心》，书中对健康、疾病与"心"的关系进行了系统的分析与论证，结合禅学、存在主义哲学和心理学理论深入分析了健康和疾病背后的深层次原因；深入论述了调"心"在维护健康和治疗疾病中的重要作用以及禅学知识在调"心"和疗愈方面的价值，对运用正念禅修减压和疗愈病痛的临床经验进行了系统总结，并附典型案例；结合临床经验对疗愈身心的常用禅语、诗偈和公案进行摘录和分析。

本书最主要的价值，在于它给了我们一个重要的提醒：健康是一个综合的概念，健康的身体与健康的"心"密切相关；对于生命体来说，"心"更加重要，疾病只是我们生命过程中积存的各种问题的一种最表象的反映；要摆脱病痛，必须从"心"入手，深入人的"存在性"方面以摆脱困境。

作者相信，如果现在所有的心理障碍患者和慢性病患者在接受现代正规医疗的同时，能运用禅学智慧去调理身心，唤醒我们每个人都拥有的自愈力，那么大部分的病情可以得到更好的改善，也可以大幅减少药物的用量和种类，甚至有些心理障碍和慢性躯体疾病可以得到消除。这样，不仅减少了病人和社会的医疗支出，更重要的是，人会变得更健康，生命变得更有意义。

本书内容雅俗共赏，不仅适合慢性病患者、心理障碍患者、心身疾病患者以及患者家属阅读和使用，还可供健康保健人员、临床医护人员、精神/心理卫生工作者阅读和使用，对健康人群和高"压力"人群的修身养性也非常适用。

此外，本书与《与自己和解：用禅的智慧治疗神经症》是姐妹篇，内容互补而不重叠，有兴趣的读者可相互参考。

包祖晓
2016.1.1

目录

第一章 健康相关主题与"心"的关系 / 1
健康的关键是"心"的健康 / 1
养生热与"心"的关系 / 5
亚健康与"心"的关系 / 11

第二章 疾病与"心"的关系 / 19
躯体症状常常是心理障碍的表现 / 19
"心"的因素是疾病的重要原因 / 23
躯体患病后势必影响"心" / 46

第三章 治病与"心"的关系 / 48
治病需要调"心" / 48
调"心"可以治病 / 57

第四章 禅是调"心"疗愈之学 / 59
禅解决的是"人"的"存在性"问题 / 59
调"心"是禅的核心内容 / 61
禅的调"心"疗愈思想 / 66

第五章 禅在疗愈身心中的价值 / 74
坐禅的疗愈身心价值 / 74

禅学智慧的疗愈身心价值 / 88

第六章　正念禅修及其在减压和疗愈疾病中的应用 / 107

压力和疾病与错误思维模式及应对方法有关 / 107

正念禅修的减压和疗愈疾病作用及机制 / 113

正念禅修的常用方法 / 118

正念禅修疗愈身心的实践 / 130

第七章　疗愈身心的禅语、诗偈和公案选析 / 161

珍惜生命 / 161

治病先调"心" / 162

生命需要意义 / 164

真正的生命是超越"无常"和超越"无我"的 / 166

向内追求 / 169

无住 / 172

亲自去实践 / 173

人生不复杂 / 175

控制欲望 / 177

只有自己才能救自己 / 179

体验孤独 / 181

过于积极不一定是好事 / 184

坦呈自我 / 186

不要多事 / 187

寻找"真我" / 188

信心铭 / 190

证道歌 / 194

主要参考书目 / 198

后记 / 200

第一章　健康相关主题与"心"的关系

健康之神不在天上，而在人间，它正是你本人！

——赫拉克利特

健康是人生宝贵的财富，也是人人都期望的。因此，正确认识健康的含义、把握住自己的健康就显得非常重要。但是，就目前人们对健康的认识和维护而言，许多认知停留在表层，还有一些甚至是错误的、有害的。本章将结合人的"存在性"困境，对健康的含义、养生热、亚健康等健康相关主题的深层次问题进行探讨。

健康的关键是"心"的健康

心理健康比生理健康更重要。

——马斯乐

是健康还是生病的主要原因不是身体上的而是精神上的。

——安德鲁·韦尔

随着社会、经济、科技的快速发展，人类对健康的内涵及外延的认识也在不断地深化。所谓"无病即健康"已成为传统的健康观，而现代人的健康观是"整体健康"。1948年世界卫生组织（WHO）提出："健康不仅仅是没有疾病或虚弱，而是在身体上、心理上和社会适应能力上达到一个完美状态。"在此基础上，国内学者提出：一个人只有在躯体健康、心理健康、社会适应良好和道德健康四个方面都健全，才算是完全健康的人。用德国哲学家叔本华的话说就是，"对于人的幸福起着首要关键作用的，是属于人的主体的美好素质，这些包括高贵的品格、良好的智力、愉快的性情和健康良好的体魄——一句话，'健康的身体加上健康的心灵'。"

躯体健康一般指人的生理上的健康。

心理健康主要表现为以下三个方面：

（1）具备健康心理的人，人格是完整的，自我感觉是良好的，情绪是稳定的，积极情绪多于消极情绪，有较好的自控能力，且能保持心理上的平衡，能自尊、自爱、自信，而且有自知之明。

（2）一个人在自己所处的环境中，有充分的安全感，且能保持正常的人际关系，能受到别人的欢迎和信任。

（3）健康的人对未来有明确的生活目标，能切合实际地、不断进取地实现理想和事业上的追求。

社会适应良好是指一个人的心理活动和各种行为能适应当时复杂的环境变化，为他人所理解，为大家所接受。

道德健康最主要的表现是不以他人利益来满足自己的需要，有辨别真伪、善恶、荣辱、美丑等是非观念，能按社会认为规范的准则约束支配自己的言行，能为人们的幸福做贡献。

在中国文化中，"心"具有其他文化所无可比拟的复杂多样的意义，有心理学意义上的"心"，认识论意义上的"心"，形而上学意义上的"心"，还有人生哲学、道德哲学角度所谈论的"心"。因此，健康定义中的心理健康、社会适应良好、道德健康都可归入"心"的健康。此外，躯体健康与"心"的健康也是有很大关系的。

台湾医生许添盛在《我心医我病——新时代身心灵整体健康观》中提出："生存环境恶化、饮食失当、作息无序都会减弱身体本来朝向健康的能力，但心灵的创造力比上述因素更能主宰健康的能力；""年龄并不会减损生命的能量，只是让我们汲取这份能量的能力减弱，对身体的怀疑和对存在的负面思考，阻隔了我们和这份能量的接触，如果我们能重新找到和这份能量沟通的方式，就可能减缓老化；""活力和健康是我们本然的状态，只要我们能检视自己的信念，为阻塞或扭曲的生命能量打开一条喜悦之道，身体就能得到健康。"

尽管这些观点已得到了大量的医学研究的证实，但人们仍对"心"与健康的关系不甚相信。正如格弗雷·考雷在2005年《新闻周刊》中写道："人们知道自己会在窘迫的时候脸庞通红，知道自己会被吓得心跳加速，也知道突如其来的坏消息会使自己如遭重击。但是，他们却不愿相信单纯的心理感受（比如孤独、沮丧）会引起强烈的生理反应。"

下面以道德健康为例，谈谈"心"在健康维护中的重要性。巴西医学家马丁斯经过10年的研究发现，并用反证法证明，道德不健康会损害个体的健康水平。如一个有悖于社会道德准则、不履行应尽义务的人，陷入一种道德危机感中，其胡作非为必然导致紧张、恐惧、内疚等种种心理变化，食不香、寝不安，惶惶不可终日，进而会在不同程度上引起中枢神经系统、内分泌系统和免疫系统的功能失调，干扰其各种器官和组织的正常生理代谢，削弱其免疫系统的防御功能，最终在恶劣心境的重压和各种心身症状的折磨下，诱发各种疾病，或早衰，或丧生，比如屡犯贪污受贿罪行的人，就易患癌症、脑溢血、心脏病、神经过敏等病症而折寿；而与人相处正直善良，心地坦荡，遇事处以公心，凡事想着他人，心理保持平衡，则能促进人体分泌更多的有益激素、酶类和乙酰胆碱等，这些物质能把血液的流量、神经细胞的兴奋性调节到最佳状态，从而增加机体的抗病力。马丁斯因而提出，善良的品性、淡泊的心境是健康的保证，良好的心理状态能促进人体健康。此外，马丁斯还发现，大凡长寿的老人，其90%左右都是德高之人，这与孔子所提出的"德润身"、"仁者寿"、"大德必得其寿"一致。

究其原因，大致有以下两个方面：

（1）德高者心胸坦荡，能保持良好的心境

道德修养好的人，对人对事都能心胸开阔，无私坦荡，故而无忧无虑，身心处于淡泊宁静的良好状态。而那些道德修养差的人，为了一己私利而挖空心思、不择手段，自然会产生紧张、焦虑的情绪，寝食难安。这种无形的负担和压力，会使身体长期处于应激状态，浸泡在过高的肾上腺素和皮质醇（压力激素）当中。长期下去，容易使人陷入心理危机之中，出现心悸、失眠、焦虑、头痛、头晕、食欲下降等症状，严重者还可诱发抑郁症、焦虑症、躯体症状障碍等精神疾病。同时，由于人体长期应激，免疫功能下降，也容易罹患心血管疾病、消化系统疾病、恶性肿瘤等躯体疾病。研究发现，那些经常怀有敌意、爱争论的人，其冠状动脉容易被堵塞，血压容易波动，易患冠心病、高血压病。

（2）德高者良好的人际关系是心身健康的重要条件

生活在社会中，德高者尊重整个人类社会的需要，遵守社会道德规范，与人为善，敬畏生命，充满信心和责任感，互谅互助，宽厚待人，能够理性对待和妥善解决人际交往中的各种矛盾与冲突。在他们"与人为善"的助人行为中，会唤起他人对自己的感激、喜欢和热情，由此可产生道德愉悦感，对身心健康有利。对德高者来说，这种感觉主要来自脑部的内啡肽，这种天然的镇静剂有助于他们免除精神紧张，体验到幸福感。医学研究表明，那些具有良好人际关系的人，比缺少社会关系的孤独者要长寿，因为在帮助他人的过程中可实现自我的价值和良好感觉，能促进人体各组织器官功能的健全，使体内免疫球蛋白A（IgA）和网状内皮系统免疫功能增强，促进人的身心健康，从而起到延年益寿的作用。

因此，健康的关键是"心"的健康。正如钟南山院士提出："健康的一半是心理健康，疾病的一半是心理疾病；""最能使人短命夭亡的莫过于不良的情绪和恶劣的心境。"下面再举两个例子来说明：

> 南宋诗人陆游，终年85岁，可以说在我国古代算是高寿之人。而他年轻时在仕途、婚姻上颇为坎坷，晚年时的经济状况也不如意，但他能"八十身犹健，生涯学灌园"，"五亩畦菜地，秋来日荷锄"，再加之他有颗豁达之心，所以在晚年时还能保持耳聪目明、身轻体健。

> 1928年出生的达芙妮·塞尔夫（Daphne Selfe）是模特界的一个神话。年过八旬的她的养生心得是，"我的脸未动过任何手术，没有注射过肉毒杆菌，没有做过脸部提拉。我觉得那是浪费钱。自然是最美的"；"我从不为用什么护肤霜发愁，有时用一点儿，我讨厌无法打开瓶盖还得挖剩下那点东西的感觉。"然而，这并不等于说达芙妮·塞尔夫不在乎养生。她喜欢运动，喜欢做瑜伽，还能劈叉。问到她保持美丽的秘诀，她的回答是：对事物保持热情。

养生热与"心"的关系

不要惧怕你的生命终会结束,要担心它根本没有开始。

——约翰·纽曼

一些被证实有效的营养品,其实根本没有科学依据。

——乔丹·鲁宾

一、养生热的现状

数十年以来,世界卫生组织不断地倡导健康医学观念,并于1996年提出:"21世纪的医学不能继续以疾病为主要研究领域,而应该以人类的健康为主要研究方向"。同一时期,在美国召开的"医学目的的再审查"会议认为:"世界性的医疗危机源于近代医学模式造成的长期以来技术统治医学的结果。"这些新理念提示:我们不能只作为一个健康的旁观者,把身体健康交给医疗机构和医护人员;而是要做自己健康的主导者,担负起对自身健康的责任。

这种重视健康、强调疾病预防的理念本身并没有错,但由于以下原因出现了风靡全国甚至世界的"养生热":(1)公众对这一理念的误解;(2)部分媒体及医疗机构/人员的盲目、过度宣传,用迈克尔·菲茨帕特里克《健康的暴政:医生及生活方式的控制》里的话说是,媒体用"危言耸听的文献和敏感的标题煽动了焦虑";(3)甚至存在有人故意制造恐慌获取经济利益的情况(如某些药剂商、某些医护人员为获利而夸大某种疾病的危害,或生活用品制造商夸大某种生活用品对健康的损害等);(4)国家公共政策一方面需要积极参与疾病问题,提示公众警醒,另一方面又需要降低人们对疾病的焦虑,在这一矛盾下,很容易造成微妙的风险关系。在这些因素的综合作用下,从某种程度上可以说,对健康的狂热追求有点类似于宗教意义上的崇拜了。

下面试举两个我们身边典型的养生热例子:

1. 保健品一族

王女士有着令人羡慕、收入不菲的工作。她平时讲究生活质量,注重健康，对美容、饮食的投资眼睛都不眨一下。她很少规律饮食，但是你会发现她会按时服用各种颜色、各种包装的保健品，有钙片、维生素、各种胶囊……可以说是将"药"当饭吃了。

李先生是一名私企老板，工作压力较大，作息无规律，并经常为应酬而酒肉穿肠过。不惑之年的他在朋友眼中"沧桑了不少"，于是李先生开始关注朋友圈里推送的各种目前大热的"养生保健"文章，觉得"不可亏待自己"。在家里、办公室里存储着各种包装的人参、鹿茸、虫草等补品，不时可以来一杯参茶、一盅补汤。李先生觉得"即使熬夜再晚，也能精力充沛，这样的投资，值！"

2. 养生节目的狂热粉丝／瞎忙活一族

年过六旬的陈阿姨退休后在家享清闲，平时无所事事，逛逛公园，与退休族们闲聊。大家的话题很少离开如何预防中老年多发的躯体疾病以及如何延年益寿，但他们信赖的不是平时医生、子女的建议，而是电视里一些所谓"专家们"养生课堂里的"食疗法"、"进补法"、"修行法"。陈阿姨把这些养生秘笈都听进去了，既然那些食物可以降血压、降血脂、降血糖以及软化血管，反正花不了几块钱，那就试试看呗；练练气功可以强身健体、"治未病"，也就照着做呗；今天这个节目里提倡这种运动，明天那群人说什么汤对身体有好处，不管怎么入了耳，不知陈阿姨能坚持多久，或许这得要看哪天她"看中"了哪套节目、"信服"了哪位"养生专家"……

随着这些"养生热"者对于"治未病"、自救、长寿的热衷，种种"迷"人的现象因此也就出现了：

（1）各类关于养生的书籍充斥书店，各种讲座、节目扎堆。

（2）"清肠只吃苹果"、"红酒可以多喝点"、"有机食品更营养"、"多吃坚果能健脑"、"转基因食物可致癌"、"夏天该多吃XX"、"XX食物、XX运动可以延年益寿"……这些奇谈怪论被许多人奉若维护健康的圭臬。

（3）健康成了"放弃更高志向的人的安慰"以及"生命意义的替代品"。"健康主义成了一种公共信仰"，健康的肉体代表着一种"好的生活"，寿命成了健康的一个重要衡量标准。在某种程度上，不少人用"活得更久"这样一个"缺乏意义和目的"的健康问题替代"好的生活"这一道德问题，从而接受更多的限制，"牺牲重要的个人自由"。就像我们常常听到有人说，虽然生活不顺利，但至少我们还拥有健康，这便是好的。

（4）有些更为不幸者不仅生命没活出意义，还因为养生把命给养没了。

二、保健品的作用是安慰剂效应

中国人是出了名的爱吃保健品、爱吃药，甚至许多受过现代医学训练的医生也热衷于给病人推荐补品/营养品、保健品以及所谓的"中成药"。最近美国纽约州检察长主持了一项调查，抽查、检测了美国市场上最流行的一些保健品的成分，包括GNC、沃尔玛这些大品牌，结果出乎意料：这些厂商生产的人参、银杏、圣约翰草（贯叶连翘）、紫锥菊、锯叶棕等保健品分别都检测不出这些草药的DNA，也就是说，它们都不含有所标识的有效成分，不管贴什么标签，成分都差不多，都是用辅料制成的，主要成分是大米、小麦等。

有人会提出，我不知道这些保健品里含有哪些成份，是如何起效的，但我服用了之后就是有效。其实，保健品的作用是安慰剂效应。对许多疾病来说，服用安慰剂的病人在心理暗示的作用下也有一部分病情会好转甚至痊愈。甚至对住重症监护病房（ICU）的危重病人来说，安慰剂的疗效都可能达到30%以上。

就保健品来说，安慰剂效应更明显，因为服用保健品的人本来就大多是"没病找病"的健康人或者所谓的"亚健康"人群，对保健品效果的评价更为主观。在卖这些保健品的国内外媒体报道中，可以看到很多消费者"现身说法"，对保健品做出正面评价，并且亲身讲解这些保健品是如何有效、管用。这里面很难说没有一些"托儿"，即便是真正的消费者，正是因为安慰剂效应，他们吃了不含任何有效成分的保健品也觉得有效、管用。

退一步说，即使保健品含有其标识的有效成分，也无法说明它就真的管用。目前并没有哪种保健品被严格的临床试验证明的确有效。如果证明了，在美国就会获得食品药品管理局（FDA）的批准成为药物了，之所以作为保健品而不是药物来卖，就是因为还没有被证明的确有效。

例如，西红柿和茄红素曾被列为抗癌保健品中的英雄，这也是许多人吃西红柿的主要原因。但是跟其他许多营养界的保健品一样，并没有研究可以证实茄红素那些大肆宣传的疗效，哈佛大学发表的一个头条就说明了一切："茄红素和西红柿：无法抗癌。"这个头条是针对一项包括了 8 个国家的 2000 名参与者的研究结果而来，结论是：像茄红素这样的类胡萝卜素并不能预防前列腺癌。另外，美国食品药物管理局检验了 81 项茄红素的研究，结论是没有任何一项研究具有可靠证据，可以证明服用茄红素和患前列腺癌风险之间有任何关联；他们同时检视了摄取西红柿的 39 项研究，但也只找到非常有限的证据来证明西红柿和西红柿制品可以减少罹癌风险。当然，如果您喜欢吃用西红柿制作的食品，请尽量享用其美味；但如果只是因相信其杀癌、抗癌的作用而大量食用，就显得有些愚蠢了。正如吴山净端禅师所说：

旱年祈得雨，高山好种田，
吃菜若成佛，驴马也升天。

意思是说：闹旱灾的时候就要祈祷老天下雨，好让高山上的人好好种田，不过，喜欢吃菜的人喜欢就好了，不要说什么"吃菜有功德"的鬼话，吃菜如果能成佛，驴马早就升天了！

同样的，曾经认为服用复合维生素能提高免疫力，预防心脏病或抑制体内癌细胞的发展，但根据英国对 8 项研究结果的分析，就是找不到复合维生素可降低老年人感染的任何效果，维生素也不会减低进行放射线治疗的乳腺癌患者的疲劳感。在年龄的另一头，服用复合维生素的都市学童与没有服用营养品的学童相比，不仅没有考得更好，而且生病休息的天数也没有减少。

此外，许多保健品已被发现具有很多毒副作用，例如，芬兰在 1985~1993 年的研究报告显示，服用 $\beta-$胡萝卜素营养品的男性增加了 18% 的肺癌发生率，而整体死亡率增加了 8%。2010 年一项针对瑞典女性的研究显示，服用复合维生素长达 10 年的人，比没服用的人乳腺癌诊断风险高出了 19%。这种副作用在以中草药为原料的保健品中同样存在，例如，国外学者报道，在连续服用人参超过 1 个月的 133 例中，大多数人出现兴奋、失眠、神经衰弱、咽喉痒痛或高血压，有的还呈现皮疹、水肿、清晨腹泻等。药物研究表明，银杏能抗凝血，圣约翰草能降低体内雌激素含量，紫锥菊能引起严重的过敏，锯叶棕能干扰性激素代谢。

三、养生热的背后是"心"的作用

1. 健康恐慌

迈克尔·菲茨帕特里克在《健康的暴政：医生及生活方式的控制》一书中提出："现代人生活在一个前所未有的时代，这是一个'奇怪的时代'，一方面我们活得更长，越来越关注自己的健康，另一方面我们也前所未有地害怕我们周围的世界。"这种畏惧会引起各种健康恐慌（或称健康焦虑），表现出对健康的担忧，确切地说是对"不健康"的担忧，也就是害怕生病，其根源是害怕死亡（又称死亡恐惧）。这是一种状态或者症状，每个人都可能会出现，在中老年人中表现得尤为突出。从社会实际情况看，中老年人的确是养生热的主要参与人群。

从存在主义哲学与心理学的角度看，人自出生以后必然会有"生的欲望"与"死的恐怖"之本能，一方面，人类总希望自己不断向上，不断发展，追求更加美好的人生，从而表现出：不想得病，不想死，想生存；想活得更好，不希望被人看不起，希望得到别人的肯定和承认；想多知道一些知识，想学习；想变得了不起，想得到幸福；想提高和发展等。这种"生的欲望"是人们与生俱来的能量，这种能量如果向外发展，能产生高于常人的建设性作用。可以说，这种欲望是一种积极的精神动力。另一方面，自人类以文字记录思想之初，就有一条令人敬仰的思想线索，强调生命与死亡交织。马尼留提出："我们在出生时就开始死亡；终点从起点就已经开始。"拉里·罗森伯格也提出："死亡并没有在道路的尽头等候着我们，它一直都在与我们同行。"换句话说就是，我们生命中存在着一条不证自明的真理：每件事物都会消逝，我们害怕消逝；可纵使要面对消逝和恐惧，我们不仅必须活下去，而且要尽可能地活好。

因此，从某种程度上可以说，"养生"似乎是大众为了使自己"生生不息"，调和"生的欲望"与"死的必然性"之间的矛盾，避免出现或缓解健康焦虑和死亡恐惧，有意或无意采取的措施。

2. 孤独

孤独也是存在主义哲学和心理学主要着眼解决的焦点问题之一，在老年人中尤为多见。被留守的父母，没有子女的陪伴，整个家显得寂静而空寞。于是，他们成了我们所说的"空巢老人"。拉布叶说过："我们承受所有不幸皆因我们无法独处。"老年朋友尽管希望自己能够不给下一代带来负担，但往往随着年龄的增长，躯体疾病或多或少会自动地"找上门来"，他们开始独自面对躯体的不适感，以及由此产生的恐惧、焦虑。当一个人害怕体验由孤独导致的焦虑时，他便千方百计地使自己保持忙碌，努力使自己的周围处于"闹哄哄"的状态。就像美国早期时代的定居者"经常在晚上敲打坛坛罐罐，发出很大的喧闹声以便把狼吓跑"一样，养生热的参与者通过频繁地收看"养生节目"、参加"养生讲座"和"养生活动"，使自己处于喧闹之中以避免产生孤独的焦虑。

有一位"养生忠实粉丝"因受睡眠问题困扰多年前来咨询，经过询问病史、精神检查、心理测评等相关评估后发现，来访者目前的焦虑情绪比较明显。进一步了解后发现，该来访者独自一人生活已3年，子女常年在外做生意，孙辈儿也随他们的父母生活，一年相见次数屈指可数，而最近更是比较担心自己和孩子们的身体健康，因为她目前在照顾的哥哥正在经历着病痛的折磨，但是现在的医疗水平只能维持治疗。所有这些使她意识到自己的孤独和隔绝，意识到个人在自然和社会面前的无助。为了抗拒孤独带来的焦虑感，该来访者让自己忙碌而"充实"地生活着，不仅收看各个电视频道上的"养生课堂"，对照着"专家意见"去"进食和生活"，还参加"健身操"、"街舞"、"太极剑"等"养生活动"。但是，一年下来对自己的睡眠却没有多少帮助。

可以看出，"养生"是大众害怕"赤裸裸地面对存在"，逃避"孤独"所使用的打发时间的工具。从某种意义上说，"养生"活动与听音乐、看电视、读书、上网、聊天等娱乐活动的性质类似，都是人们用以避免待在孤独的空间、消除孤独的时间所采取的措施，所不同的是形式而已。

3. 价值感和意义感的缺失

存在的价值感和意义感也是存在主义哲学和心理学主要着眼解决的焦点问题。叔本华提出："他们内在空虚、感觉意识呆滞、思想贫乏，这些就驱使他们投入到社交人群中。"菲茨帕特里克也提出："人们有时咨询医生并不是他们具有某些特定的症状，而是去寻求一种心理慰藉"。同样，"养生热"者的心理动机可能是出于补偿价值感和意义感的缺失。但是，这种补偿却是无效的。正如国内学者夏天成和汤先萍论证道：

> 健康促进无法填补纯粹世俗理想的枯竭，就好比"好的生活"无法用"活得更久"这样一个缺乏目的和意义的健康目标所替代。仅仅是健康促进无法使人和社会有意义，避免二手烟、谨慎使用疫苗或者采取什么形式的性行为无法使人完全摆脱精神上的苦恼，当涉及痛苦、死亡或环境的毁灭，健康促进者难免会陷入沉默。健康在缺乏意义的社会中作为一种善而存在，疾病作为一种恶与之相对应，讨伐这种罪恶让医学在治疗过程之外承担了更多的（本身无法胜任的）职责。

这种情况在社会上甚为常见，许多"养生热"的参与者往往是曾经遭受打击而一蹶不振者、社会失能者、事业失败者等等，他们潜意识里用健康焦虑来代替价值感和意义感缺失的痛苦。这样，不仅可以避免意识到自己作为"人"的"存在性"痛苦，而且还可以心安理得地享受"特殊照顾"。

除了上述深层次心理原因之外，"养生热"还有部分是出于从众心理。在缺乏"界限意识"和"独立思考"精神的文化传统中，只要舆论一"炒"，他们就容易随大流，跟着"热"。当然，还有少部分原因是出自对目前的医疗水平、医疗环境不满意、不信任的结果。

亚健康与"心"的关系

> 内心平衡的失去表现在身体上就是症状。这就是说，症状是信号和信息的载体，它的出现中断了我们生活一如既往的流程，并强迫我们去重视症状。症状提醒我们，我们这些人，作为有灵魂的生命，是生病了，也就是说我们失去了内心力量的平衡。
>
> ——托·德特勒夫森

一、亚健康概念和范畴的探讨

伴随着生物医学模式逐渐向"生理—心理—社会"医学模式的转变,人们对健康的要求越来越高,对健康的认识也越来越深入。早在20世纪80年代中期,苏联医学家N.Berkman教授通过研究发现,人体除了健康(第一状态)与疾病(第二状态)以外,还存在着一种非健康非疾病的中间状态,并命名为"the third status"——第三状态。20世纪90年代,国内王育学率先将这一状态命名为"亚健康"。从此,亚健康成了国内各界人士的一个热议话题。

纵观所有关于"亚健康"的研究,不难发现,迄今为止对亚健康没有统一的定义和诊断标准。有关亚健康的概念众说纷纭。许多学者认为,亚健康的术语犯了"范畴错误",而"范畴错误"必然会导致虚假问题的产生。例如,哲学教授张功耀在其博文中提出:

> 依据亚里士多德的逻辑学,概念构造中第一个要注意的是,概念的指称要明确。诸如"圆的方"或"方的圆"都是不合格的概念构造,因为他们的指称不明确。事实上,"亚健康"这个概念相当于说了一个"有病的健康人"或一个"健康的病人"。这无异于说了一个"圆的方"或一个"方的圆"。因此,单从逻辑学上分析,"亚健康"就是一个不合逻辑学基本规则的概念构造。

民间中医师潘德孚持相似的观点,他在《人体生命医学》中提出:

> 现在大讲亚健康,却不知什么叫健康。连健康是什么都还不知道,怎么就讲起亚健康来了呢?亚健康的意思是有很多人不是那么健康的,就应该去吃补药,吃保健品,去医院检查。这就是亚健康概念出来的目的。然而,它对我们有什么好处呢?可以这么说,一点好处也没有。它制造了一种心理恐慌,让我们失去对自己生命自组织能力的自信,去信仰医院里的理化仪器;同时,制造了一种社会导向,让我们把大把大把的金钱花在保健品商店或医院的检查里,然后再把自己用所谓的保健品吃出疾病来。

我们认为，亚健康的概念是空泛的，在实践中基本上没有可操作性，甚至会产生不良的后果。

首先，"健康"的反面是"不健康"，不是"疾病"，而"疾病"属于"不健康"范畴。前苏联学者 Berkman 提出的"一种非健康非疾病的中间状态"，指的是尚未达到疾病诊断标准的不健康状态。目前国内的许多学者提出，一个人在躯体健康、心理健康、社会适应良好和道德健康 4 个方面皆健全才算健康。据此推测，除健康之外的状态全部是不健康状态。因此，目前占主流的"亚健康"概念实质上是指一种不健康状态，只是这种不健康状态尚未满足目前相应疾病的诊断标准而已。还有一种可能是，我们"坐井观天"，自己不认识疾病，就认为该疾病不存在。

其次，有临床工作经历的人都知道，大部分疾病都有一个发展过程，许多疾病在早期阶段具有很高的临床误诊率和漏诊率。例如，恶性肿瘤发病率较高，但早期诊断困难，尤其部分恶性肿瘤在其原发病灶确诊前，因累及中枢神经系统、周围神经、肌肉等而表现为副肿瘤综合征，使临床表现不典型、多样化，很容易导致早期误诊。如果在没发现恶性肿瘤的原发病灶之前简单地冠以"亚健康"，这种后果是可想而知的。

再者，如果病人自己确实感觉到了躯体和心理上的种种不适，但在综合性医院和中医院经各种检查又没有发现问题，这个时候就应该到精神专科医院或心理卫生科就诊了。因为综合性医院和中医院的医生对包括抑郁症在内的许多精神障碍的识别率非常低，漏诊率和误诊率很高。例如，流行病学调查表明，各类精神疾病都有严重的功能缺损，而且有很大比例的患者未得到治疗，在我国至少 50% 未得到治疗；抑郁障碍患者从未就医的高达 62.9%；一般内科医生对于包括抑郁症在内的心理障碍的识别率只有 15.9%，抑郁症的临床漏诊率高达 50%～60%，导致只有约 1/4 的病人能接受正规治疗。漏诊的这部分人群很多就被归入了"亚健康"。

另外，从以往亚健康的研究过程和研究方法看，研究者在社区筛选的"亚健康"人群和经过体检排除的"有病"人群，其实并未排除抑郁症、神经症性障碍、人格障碍等精神疾病。

二、从亚健康的诊断标准和临床表现探讨其与"心"的关系

目前有关亚健康的诊断标准是2006年《亚健康中医临床指南》。该指南将亚健康的判定标准规定如下：

（1）以疲劳，或睡眠紊乱，或疼痛等躯体症状表现为主。

（2）以抑郁寡欢，或焦躁不安、急躁易怒，或恐惧胆怯，或短期记忆力下降、注意力不能集中等精神心理症状表现为主。

（3）以人际交往频率减低，或人际关系紧张等社会适应能力下降表现为主。

上述3条中的任何一条持续发作3个月以上，并且经系统检查排除可能导致上述表现的疾病者，均可诊断为个体处于亚健康状态。

该指南中有关亚健康的临床表现及分类如下：

躯体亚健康可表现有疲乏无力、肌肉及关节酸痛、头昏头痛、心悸胸闷、睡眠紊乱、食欲不振、脘腹不适、便溏便秘、性功能减退、怕冷怕热、易于感冒、眼部干涩等。

心理亚健康可表现有情绪低落、心烦意乱、焦躁不安、急躁易怒、恐惧胆怯、记忆力下降、注意力不能集中、精力不足、反应迟钝等。

社会交往亚健康可表现有不能较好地承担相应的社会角色，工作、学习困难，不能正常地处理好人际关系、家庭关系，难以进行正常的社会交往等。

有精神卫生科/心理科临床经验的医生很容易看出，上述亚健康的诊断标准和临床表现与许多心理障碍的诊断标准是重叠的。换句话说就是，目前所谓的亚健康大部分可能是抑郁症、神经症性障碍、应激障碍、心理生理障碍、人格障碍等心理障碍以及慢性疲劳综合征。下面这则来自《健康时报》的案例就是其例：

今年40岁的王先生管理着一个不大不小的工厂，可谓事业有成。工作上忙了，身体似乎有些吃不消。近一年以来，他感觉自己总是睡不好，干起活来没有一点激情，反而总是觉得很疲劳。王先生想，自己也许是"亚健康"吧，于是就自己进补。可是补了一年，不但不见好转，问题反而更加严重了，不仅不想吃饭，连夫妻生活也力不从心了。

王先生到医院做了全套检查，就是查不出什么问题。最后他听从医生建议到精神卫生科就诊。这一检查却发现了问题所在，原来王先生患有抑郁症。经过治疗，王先生的情况有了明显好转。

精神卫生科包祖晓医生说，若病人确实感到躯体或心理上的不适，但在正规医院检查又未发现问题，不能就此简单地归于"亚健康"范畴。其实，这样的病人应到精神、心理科就诊。但由于中国文化和社会习俗原因，病人就诊时很少主动告诉医生自己情绪低、不开心，而以头痛、睡不着、疲劳、吃不下饭等躯体症状代替。

为了比较容易地理解亚健康与心理障碍的关系，下面列举若干心理障碍的临床表现，有心的读者对照一下，自然就会明白，大部分被热炒的"亚健康"问题可以用"心"的问题来解释：

1. 抑郁症

抑郁症主要表现为情感低落、思维缓慢、语言动作减少和迟缓，起病缓慢，往往先有失眠、乏力、食欲不振、工作效率低和内感性不适。

（1）情感低落、沮丧忧虑。常表现为愁眉不展、忧心忡忡，对前途悲观失望，生活兴趣索然，甚至有强烈的自杀欲望。病人有时可表现为心烦意乱、焦虑不安、惶惶不可终日，或紧张激越。自感疲劳无力、不思饮食。有的病人情感低落有昼重夜轻的特点。

（2）思维明显缓慢，对问话反应迟钝，注意力难以集中，记忆力减退，自感脑子迟钝，联想困难。语言少、声音低。随着症状加重，病人的自责、内疚观念加重，成为妄想，常见为自责自罪妄想，也可有贫穷妄想、疑病妄想。

（3）病人活动减少，甚至终日独坐一处不与他人交往，逐渐发展到不去工作、疏远亲友、回避社交，对过去的爱好和生活乐趣全部丧失。严重者出现自杀行为以求解脱。病人往往疏于操持家务，重者连吃、喝、个人卫生都不顾。走路行动缓慢，严重时不语、不食、不动，可成为抑郁性木僵。睡眠障碍明显，主要为早醒。

（4）病人可出现躯体症状，如口干、恶心、呕吐、便秘、消化不良、胃肠功能减弱、心悸、胸闷、憋气、出汗等。70%左右的病人出现食欲减退、体重下降。男性病人可出现阳痿，女性病人有性感缺失和闭经现象。

2. 适应障碍

适应障碍的症状表现多种多样，按主要精神症状可分以下类型：

（1）以情绪低落、忧伤易哭、悲观绝望等为主的抑郁型，或以焦虑、烦恼、害怕、敏感多疑、紧张颤抖、愿向别人倾诉痛苦等为主的焦虑型。

（2）以逃学、旷工、斗殴、粗暴、破坏公物、目无法纪和反社会行为等为主的品行障碍型；以孤独、离群、不参加社会活动、不注意卫生、生活无规律等为主的行为退缩型；以影响学习或工作、效率下降（成绩不佳）为主的工作学习能力减弱型。

（3）许多病人出现的症状是综合性的。如一个少年和亲人分离后，表现为抑郁、易怒、不知所措和暴力行为，则根据其突出症状分型，假如无突出症状则为混合型。病人常伴有睡眠差、心慌、头痛、食欲不佳等生理功能障碍。

3. 广泛性焦虑症

广泛性焦虑症的临床表现主要有以下方面：

（1）以缺乏明确对象和具体内容的提心吊胆和紧张不安（自由浮动性焦虑），或对现实生活中的某些问题过分担心或烦恼（过分担心的期待）为特征。有显著的植物神经症状、肌肉紧张和运动性不安，病人难以忍受又无法解脱。起病缓慢常无明显诱因。

（2）病人常处于心烦意乱，怕有祸事降临的恐慌预感之中。

（3）常伴有植物神经症状，如心慌、胸闷、气急、头晕、多汗、面部潮红或苍白、口干、吞咽梗阻感、胃部不适、恶心、腹痛、腹胀、腹泻、尿频等。有的病人表现为易惊吓，对外界刺激易出现惊跳反应，注意力集中困难，难以入睡、容易惊醒、噩梦多、易激惹等过分警觉表现。有的可出现阳痿、早泄、月经紊乱和性欲缺乏等性功能障碍。

（4）运动性不安：表现搓手顿足、紧张不安、来回走动、不能静坐等。

4. 躯体化障碍

躯体化障碍主要表现为多种多样、经常变化的躯体症状，症状可涉及身体的任何系统或器官，最重要的特点是应激引起的不快心情，以转化成躯体症状的方式出现。

最常见的是胃肠道不适（如疼痛、打嗝、返酸、呕吐、恶心等）、异常的皮肤感觉（如瘙痒、烧灼感、刺痛、麻木感、酸痛等）、皮肤斑点，性及月经方面的主诉也很常见，常存在明显的抑郁和焦虑。可有多种症状同时存在。病人为此进行过许多检查，均没有阳性发现，甚至手术探察却一无所获。常为慢性波动性病程，并伴有社会、人际及家庭行为方面长期存在的严重障碍，很少能够完全缓解。女性远多于男性，多在成年早期发病，女性最早的症状可能与性方面的困难或婚姻、恋爱问题有关。有的病人因经常接受治疗，可致药物依赖或滥用。

5. 疑病症

疑病症是指病人以担心或相信患严重躯体疾病的持久性优势观念为主（疑病观念）。病人因此反复就医，各种医学检查阴性和医生的解释均不能打消其疑虑。即使病人有时存在某种躯体障碍，但不能解释所诉症状的性质、程度，或病人的痛苦与优势观念，常伴有焦虑或抑郁。对身体畸形（虽然根据不足）的疑虑或优势观念也属本症。常见的表现如下：

（1）常在躯体疾病或精神刺激诱因作用下发病，表现为对身体健康或疾病过分担心，其严重程度与实际健康状况不相称。

（2）常有敏感多疑、对健康过分关切并要求较高的个性特征，对日常出现的某些生理现象和异常感觉（如心慌、头昏、腹胀等）做出疑病性解释。

（3）病人的疑病观念很牢固，缺乏充分根据，但不是妄想，因为病人知道自己的疾病证据不充分，才迫切要求检查和治疗。

（4）虽经反复就医或医学检查，但阴性结果和医生的合理解释不能打消其疑虑。

（5）起病大多缓慢，病程持续，症状时轻时重，常导致社会功能缺损。

6. 躯体形式的自主神经功能紊乱

该紊乱主要表现为受自主神经支配的器官系统（如心血管、胃肠道、呼吸系统）发生躯体障碍所致的神经症样综合征。病人在自主神经兴奋症状基础上，又发生了非特异的，但更有个体特征和主观性的症状，经检查这些症状都不能证明有关器官和系统发生了躯体障碍。常见临床特点如下：

（1）症状是由主要或完全受自主神经支配与控制的器官系统的功能障碍所致。

（2）最常见最突出的是累及心血管系统（"心脏神经症"）、呼吸系统（心因性过度换气和咳嗽）和胃肠系统（"胃神经症"和"神经性腹泻"）。

（3）症状通常为两种类型：第一种类型的特点是，以自主神经兴奋的客观体征为基础，如心悸、出汗、脸红、震颤；第二种类型的特点是，更具个体特异性和主观性，而症状本身是非特异的，如部位不定的疼痛、烧灼感、沉重感、紧束感、肿胀感等。

（4）病人把症状归于特定的器官或系统（与自主神经症状相同的系统）。但任何一种类型症状，都无法找到有关器官和系统存在器质性病变的证据。

（5）本病的特征临床为以下三方面的结合：明确的自主神经受累、非特异性的主观主诉，以及病人坚持将之归咎于某一特定的器官或系统。

（6）许多病人存在心理应激或困难和问题。

（7）有时可有生理功能的轻度紊乱，如呃逆、胃肠胀气、过度换气，但这些本身并不影响相应器官或系统的基本生理功能。

总之，"亚健康"的概念是空泛的，不科学的，不符合逻辑的；所谓的"亚健康"大部分可能属于心理障碍范畴。

第二章　疾病与"心"的关系

心者，五脏六腑之主也……故悲哀愁忧则心动，心动则五脏六腑皆摇。

——《灵枢·口问》

得神者昌，失神者亡。

——《素问·移精变气论》

人是一个整体，对疾病的认识与对人自身的认识是分不开的。古希腊有句谚语说："知道是谁生了病，比知道他生了什么病更重要。"柏拉图提出："医生所犯的最大错误在于他们只治疗身体，而不医治精神。但精神和肉体是一个整体，不能将它们分开。"因此，我们谈论疾病，不能只谈"身"，还要考虑"心"。下面将从躯体症状常常是心理障碍的表现、"心"的因素是疾病的重要原因、躯体患病后势必影响"心"等方面对疾病与"心"的关系进行探讨。

躯体症状常常是心理障碍的表现

我们的身体本身就是灵性的物质性存在，我们需要用更多的智慧去理解身体所负载的灵性讯息。

——许添盛

由于心身一体，两者相互影响，心理障碍经常表现出躯体症状，有时由于躯体症状太明显，出现躯体症状掩盖心理症状的情况。在中国，受"耻感"文化、"面子"文化等影响，这种情况尤其突出。在我们心理卫生科接触到的很多来访者中不乏这样的诉说：

"医生，我心理没问题的，主要是来看睡觉不好的"；

"这十天半个月来总是很累，觉得手脚没力气，家务做不起来，除心理科之外，医院的科室都差不多看遍了"；

"身体检查都没大问题，内科医生建议我来你们这里看看"；

"我只是头痛，神经内科医生怎么叫我到心理科看，没搞错吧"；

"我觉得就是太虚了，待会儿要去看中医的"；

……

美国人类学家和精神病学家凯博文教授在中国大陆研究时发现，在所有抑郁症患者表述的主要症状中，出现频率位列前四位的症状依次是：头痛占90%，失眠占78%，头晕占73%，疼痛占48%，而抑郁只占10%。下面这则来自《台州晚报》的病案即是典型的例子：

16岁男孩头痛胃痛原来是抑郁症在作怪

小林是一个16岁的男孩，最近四五年来一直受头痛、胃痛的困扰。母亲带着他到处看医生、做检查、吃药，看过的医生不下20个，做的检查单比病历本还厚，检查结果基本没有异常，搞不清楚是什么毛病，总是在服药，症状也不见得好转。小林的正常生活受到影响，学习成绩明显下降。

"从小林走进心理咨询门诊的诊室，就看到他一直皱着眉头，面部所有肌肉无不显示出他的痛苦。家长说孩子觉得自己的毛病可能是心理作用的结果，要求来看看。"台州医院心理咨询门诊医生包祖晓说。

小林的病历显示，该做的检查都已经做过了，甚至不少是重复检查，只有胃镜提示慢性浅表性胃炎，但是症状也没那么严重，而且服用相应的药应该有效。

包祖晓与小林进一步交谈时，发现其存在持久的情绪低落、高兴不起来、什么事情都懒得做（除了上网）；同时还有紧张不安，尤其是说到学习时；与父母的关系出现危机，几乎对他们的任何言行都感到心烦；身体不舒服是小林的另一大症状群，主要包括头痛、腹痛、乏力、睡眠不好。接下来的心理评估提示小林有明显的抑郁和焦虑情绪，人际关系和自信方面也存在问题。

原来是抑郁症惹的祸

"根据这些症状和心理评估,我们可以肯定小林患了抑郁症。"包祖晓说。

明确了诊断后,小林接受了一系列药物治疗,并且通过每周一次的心理咨询寻找导致抑郁情绪的心理社会原因,如不合理的认知、父母的不恰当教育方式,从而增强自信,改善亲子关系。经过3周治疗,小林自述疼痛等躯体症状已经基本消失。

"不论是成人还是儿童青少年,类似的情况并不少见。"包祖晓说。据统计,六成以上的抑郁症患者因"这痛那痛"而被误诊,而伴有躯体疼痛的青少年抑郁症则更容易被忽视,因为人们不大相信小孩子也会得抑郁症,家长只是把疼痛看作生病了,而学习成绩下降则认为是不努力的结果。延误诊治不但使病情不断加重,而且使患者及其家庭背负沉重的经济负担,就如小林的妈妈在一旁抱怨:"不知花了多少钱!"

警惕疼痛背后的危险信号

世界精神卫生联合会的一项研究表明,抑郁患者中有69%在就医时的主诉症状是躯体不适,43%的抑郁症患者承受着慢性疼痛。在抑郁症患者中,疼痛性躯体症状发病率很高,最常见的是头痛、背痛、胃肠道疼痛以及部位不明确的疼痛。

抑郁情绪与疼痛经常伴发(共患率为50%~60%),且相互影响,尽管两者的因果关系尚不明确,但对于慢性疼痛,不论是医务人员还是患者,都必须警惕是不是抑郁症在作怪。

类似小林的情况临床非常多见,由于躯体症状过于明显而导致这类患者的抑郁症诊断常被遗漏,而误诊为其他疾病,如血管性/神经性头痛、胃病、甲状腺功能亢进、关节炎、植物神经功能紊乱等。

除了抑郁症之外,其他的心理障碍如焦虑症、心理生理障碍也表现出许多躯体症状,而躯体症状障碍甚至以躯体症状为"核心"表现。下面这四例就是以不同的躯体症状表现出来的急性焦虑症（惊恐发作）。

病例1："发痧"

女，40岁，3年来反复呼吸困难、头晕、恶心想吐、乏力，患者自称老是"发痧"，三天两头服用藿香正气水、十滴水之类的药物，还经常刮痧，身体上痧斑不少，因为这个问题，苦恼万分，正常生活受到限制，后经人介绍来精神卫生科就诊，药物治疗结合心理治疗4周后，"不发痧了"。

病例2："心脏病"

男，36岁，搓麻将时突发胸闷气短、心慌、双手无力发麻，本人事后描述"难受得不得了"、"简直要死去"。牌友赶紧将其送至医院急诊科，做了相关身体检查（如心电图、胸片、化验等），除心率过速之外无任何异常，输液后症状缓减。1月内发作2次，本人非常担心，到呼吸科、心血管科就诊，相关体检及辅助检查无任何异常。内科医生将其转介到精神卫生科就诊。开始患者不能接受这是"心理问题"，觉得自己真的是身体很难受，怎么会是心理作用呢，肯定是有其他什么毛病还没查出来，所以随时有危险。经早期小剂量抗焦虑药物加心理治疗2个月后明显好转。

病例3："哮喘"

女，26岁，某次吃饭时突然觉得食物掉进气管或肺部而出现胸闷、心慌、喉咙异物感、肢体发麻，内心非常害怕，有要死去的感觉，30分钟后症状渐渐缓减，去医院检查支气管镜、胃镜、胸片等无异常。之后几天，胆子变小，害怕一个人，害怕再发作，常常感到背部发烫，清嗓子吐唾液明显增多，不敢离开医院，因此留院观察。急诊科医生建议她到精神卫生科就诊，经心理治疗2周后焦虑明显改善。

病例4："喉咙异物"

反复发作呼吸急促、胸闷20年，一直在呼吸科就诊，诊断为哮喘，每次发作时使用气雾剂可缓解，但事实上从临床症状以及肺部听诊、肺功能、发作诱因等来看，都不支持哮喘的诊断。呼吸科医生转介该病人来精神卫生科就诊，药物治疗加心理治疗6周，已经停用哮喘药，症状无再发作。

因此，当躯体症状久治不愈的时候，需要重新思考一下，是否是"心"在作怪呢？

"心"的因素是疾病的重要原因

> 身体乃人类内在神性具体化的呈现，拥有绝佳自我平衡及自我疗愈的功能，大部分肉体的病痛根源并非来自肉体，而是这个人的思想、情感、僵化的生活模式，或痛苦的生命困境反映在肉体上的结果。
>
> ——许添盛

> 精神内伤，身必败亡。
>
> ——《素问·疏五过论》

一、与"心"关系密切的疾病

随着社会的进步与医药科学的发展，单纯的生物医学模式已不能解释人类健康与疾病的全过程。1977年，美国精神病学家恩格尔教授正式提出生物－心理－社会医学模式的概念，并为医学界所接受。

事实上，大部分疾病与"心"都存在着关系，因此，许多传统的躯体疾病现在被称为心身疾病，它涉及人体各个系统相应的疾病，如消化系统、呼吸系统、循环系统、神经系统、内分泌、骨骼肌肉系统、泌尿生殖系统、皮肤科、耳鼻喉科、眼科、口腔科、儿科、妇产科、肿瘤科等。有作者甚至提出，几乎所有的疾病都可以被称为心身疾病。例如，赵志副教授曾把常见的心身疾病分为15大类（括号内为中医病名）：

（1）消化系统心身疾病

包括胃和十二指肠溃疡（胃痛）、慢性胃炎（胃痞）、胃神经症（胃胀）、溃疡性结肠炎（泄泻、痢疾）、肠神经症（泄泻）、习惯性便秘（便秘）、慢性肝炎（胁痛）、慢性胆囊炎（胆胀）、慢性胰腺炎（腹痛）、食道神经症（梅核气）等。

（2）血管系统心身疾病

包括原发性高血压病（眩晕）、原发性低血压病（眩晕）、冠心病（胸痹）、心律失常（心悸）、心脏神经症（胸痹）、雷诺征（厥证）、β受体高敏症（心悸）、心因性晕厥（厥证）等。

（3）呼吸系统心身疾病

包括支气管哮喘（哮喘）、过度换气综合征（喘证）、神经性咳嗽（肝咳）等。

（4）神经系统疾病

包括脑卒中（中风）、癫痫（痫证）、血管神经性头痛（头痛）、紧张性头痛（头痛）等。

（5）内分泌系统心身疾病

包括糖尿病（消渴）、甲状腺机能亢进（瘿病）、肥胖症（痰病）、尿崩症（消渴）、心因性多饮（消渴）等。

（6）泌尿生殖系统心身疾病

包括前列腺炎（白浊）、过敏性膀胱炎（淋症）、尿道综合征（淋症）、原发性性功能障碍（阳痿、早泄）等。

（7）骨骼肌肉系统心身疾病

包括类风湿病（痹证）、全身肌肉痛（痹证）、书写痉挛（震颤）、局部性肌痉挛（震颤）等。

（8）外科系统心身疾病

包括腹部手术不适综合征（腹痛）、肠粘连症（便秘）等。

（9）妇产科心身疾病

包括痛经（经痛）、闭经（经闭）、月经不调（月经先期、后期、先后不定）、功能性子宫出血（崩漏）、更年期综合征（绝经期前后诸症）、不孕症（不孕）等。

（10）儿科心身疾病

包括神经性厌食症（厌食）、遗尿症（遗尿）、腹痛（腹痛）、头痛（头痛）等。

（11）皮肤科心身疾病

包括湿疹（湿毒疮）、牛皮癣、痤疮（粉刺）、斑秃（油风）、慢性荨麻疹（风疹块）、多汗症（汗证）、皮肤瘙痒症（风瘙痒）等。

（12）眼科心身疾病

包括原发性青光眼（五风内障）、中心性视网膜炎（视惑）、飞蚊症（云雾移睛）、白内障（圆翳内障）、眼睛癔症（暴盲）等。

（13）耳鼻喉科心身疾病

包括心因性耳聋（耳聋）、美尼尔综合征（眩晕）、失音（喉喑）、过敏性鼻炎（鼻鼽）等。

（14）口腔科心身疾病

包括口臭（口臭）、口腔溃疡（口疮）、特发性舌痛（舌痛）、心因性牙痛（牙痛）等。

（15）肿瘤科心身疾病

包括胃癌（积聚）、肝癌（胁痛）、肠癌（便血）、食道癌（噎膈）等。

二、常见疾病的"心"方面原因

（一）原发性高血压

原发性高血压是最早确认的一种心身疾病，其发病率逐年增高。目前普遍认为其由综合性因素所致，心理社会因素与其发生有密切关系。

高血压常见于具有焦虑性人格特点的人。对高血压患者，尤其是发病早期高血压患者进行心理行为干预，可明显降低血压水平。慢性应激在高血压发生和发展中起明显作用，研究发现生活节奏快、人际关系复杂的城市居民高血压发生率高于农村居民，发达国家高血压发病率高于发展中国家，注意力高度集中、精神紧张而体力活动少的职业高血压患者明显增多。高血压发病率与高盐饮食、超重肥胖、缺少运动、过量吸烟喝酒等因素有关，而这些不良行为习惯又直接或间接受心理社会因素影响。

精神分析理论认为高血压是将愤怒压抑在潜意识中造成的，潜意识的愤怒活动是血压持续增高的根源。调查结果也显示，个性焦虑和压抑的人血压偏高，而高血压患者多存在明显而持续的心理冲突，如人际关系紧张等。行为学习理论认为未被当事者觉察到的学习机制可能是高血压患者血压增高的原因，其核心是内脏操作性条件反射学习，外部刺激反应性地引起心率加快、输出增多、外周动脉血管收缩，从而造成血压升高，慢性应激时，这种外部刺激－血压升高反应持续存在，不断强化、泛化，血压升高成为常态形成高血压病。

从心理生理学角度看，心输出量和外周动脉血管阻力是影响血压的主要因素，一切能影响二者的因素都能引起血压变化。神经系统接受环境刺激，对其作出反应，同时支配着全身各器官的活动，因此，心理社会因素和环境刺激都可通过自主神经系统、内分泌系统和运动系统引起血压变化。通常，以上刺激一旦短期内得以消除，血压自动恢复正常，但如果心理社会应激反复发生或持续存在，就可能导致某些敏感体质者血压调节系统紊乱，引起高血压病。

（二）支气管哮喘

支气管哮喘是由多种细胞（如嗜酸性粒细胞、肥大细胞、T细胞、中性粒细胞、气道上皮细胞等）和细胞组分参与的气道慢性炎症性疾病。该病可发生于任何年龄段，但多见于青少年，成年男女患病率基本相同，城市高于农村。体液和细胞介导的免疫均参与哮喘的发病，气道慢性炎症被认为是哮喘发病的本质。气道高反应性和神经因素也是哮喘发病的重要机制。另外研究也发现哮喘多与基因遗传有关。

支气管哮喘的心理生理学机制比较复杂，心理应激－神经中介机制认为心理应激因素可通过中枢及周围神经递质的异常分泌、平衡失调并呈现乙酰胆碱升高的迷走神经兴奋，从而导致或加重支气管哮喘。1977年Besedossky提出了神经－内分泌－免疫学说，心理机能失调主要通过下丘脑—垂体—肾上腺皮质轴干扰神经和内分泌系统，对免疫细胞分泌细胞因子过程进行调节，影响机体的正常免疫功能和机体对外界各种不良刺激的敏感性，进而影响机体的免疫状态，使机体更易发生支气管哮喘。有人提出了过度通气理论，认为患者在心理应激状态如紧张、焦虑、恐惧、害怕等情况下，会出现过度通气，导致气道水肿及其黏膜的毛细血管收缩，这些因素刺激具有高反应性的气道，可诱发或加剧哮喘。

支气管哮喘往往具有鲜明的心身反应特点，包括焦虑状态和抑郁状态，焦虑表现为过分紧张、忧虑、恐惧等，伴随患者情绪上的反应，出现心悸、多汗、血压升高、皮肤发冷、肢体震颤等交感神经兴奋的症状，长期的焦虑状态还会使机体的免疫力降低，影响哮喘的防治效果；抑郁状态主要表现为自信心低下、情绪低落、对事物的兴趣减低、悲观厌世、社会活动能力降低，严重的甚至出现自杀意念等。相应的躯体表现有食欲降低、活动减少、全身倦怠和便秘等症状。

（三）消化性溃疡

Schwartz 在 1910 年提出"无酸，无溃疡"的概念，是生物医学对消化性溃疡认识的首次突破，并因此产生抗酸治疗的全新理念，在疾病的治疗手段和治愈效果上取得显著进步。1982 年 Warren 和 Marshall 分离出幽门螺杆菌后，出现了"无幽门螺杆菌就无溃疡"的观点，抗菌治疗联合之前的抗酸治疗理念，使消化性溃疡的临床治愈率达到前所未有的高度。然而消化性溃疡的发生也具有一些明显的非生物医学特征，比如易受情绪波动的影响而出现复发，具有焦虑性人格特点的人具有溃疡易感性。随着全科医学模式的到来，对消化性溃疡的认识更加深入，目前认为消化性溃疡是多因素相互作用的结果，遗传因素、口服非甾体抗炎药、不良生活和行为方式、心理社会因素、胃十二指肠动力异常、胃酸分泌紊乱、幽门螺杆菌感染等，在发病机制中占有重要特殊地位。多种因素导致胃肠黏膜屏障的破坏和/或胃酸分泌异常，引起黏膜的自我消化，其中胃酸在溃疡形成中起着关键作用。

胃肠平滑肌运动和黏膜腺体分泌活动受内脏迷走神经的支配，而胃肠营养血管则在交感神经的控制下舒缩。消化性溃疡的心理生理学机制都涉及以上植物神经功能改变。外界心理社会因素通过下丘脑—迷走神经核—迷走神经，过度刺激壁细胞和G细胞，使胃酸分泌增加，通过兴奋蓝斑—交感神经系统使胃肠黏膜血管收缩，导致胃黏膜缺血，使胃肠黏膜的防御功能减弱，同时通过引起下丘脑—垂体—肾上腺轴兴奋，使肾上腺皮质激素分泌增加，促进胃酸、胃蛋白酶原的分泌，抑制胃黏液的分泌。以上作用的结果就是黏膜保护机制的削弱，同时胃酸及胃蛋白酶增多，很容易造成黏膜的自身消化，导致溃疡发生。

胃肠道被认为是最能表达情绪的器官，情绪的异常既可以是造成溃疡的原因，也可以是消化性溃疡病导致的一种情绪体验。相关研究显示，急性焦虑情绪引发的神经内分泌变化是应激性溃疡发生的重要原因，持续的抑郁情绪也明显提高消化性溃疡的发生率。反过来，消化性溃疡的慢性疼痛也显著增加抑郁情绪的发生，其中的原因可能是习得性无助导致抑郁，也可能是黏膜的慢性损害通过副交感神经引起中枢神经递质的异常。人格因素也不容忽视，易焦虑、依赖性强、常常压抑内心愤怒的人，消化性溃疡的发病率显著提高，有学者认为愤怒情绪的隐忍和内向性表达使副交感神经的激活时间显著延长，内脏腺体活动增强，消化性溃疡发病增加。

法瑞苏博士研究了 1.5 万名胃病患者的病案，结果发现：有 4/5 的胃病是由情绪因素所致。约瑟夫·蒙坦博士甚至提出："胃溃疡的产生，不在于你吃了什么，而在于你忧虑什么。"

(四) 肠易激综合征

肠易激综合征（irritable bowel syndrome）是一种以腹痛或腹部不适伴排便习惯改变为特征的肠道功能异常，具有典型的心身疾病的特点，多数患者可有明显的抑郁、焦虑、失眠、头昏、头痛等神经方面的症状，但在诊断过程中需经检查以排除可引起这些症状的器质性疾病。本病是最常见的一种功能性肠道疾病，人群中以青中年居多，女性多于男性。该病起病隐匿，心理社会应激或饮食因素往往会诱发症状复发或病情加重，症状反复发作或慢性迁延，病程可长达数年或十余年，但全身健康状况却少受影响。

肠易激综合征相关因素主要包括心理障碍、内脏感觉过敏和胃肠运动功能紊乱等，其中心理社会应激等是疾病的病因或诱因，内脏感觉过敏、胃肠平滑肌运动功能紊乱是肠易激综合征症状产生的直接因素。研究发现，许多肠易激综合征患者的个性特征的某些方面显著突出于大众，比如性格内向、不善于表达情绪，焦虑性或抑郁性人格特点等。生活事件特别是负性生活事件是本病发生和恶化的主要启动因素，负性情绪可以直接引起肠易激综合征发作，临床上常可观察到肠易激综合征患者在遇到负性生活事件时立即出现腹痛、腹泻、紧迫感、排便后腹痛缓解的一连串症状。此外，不良的饮食、腹部受凉和不当的心理暗示也可以是肠易激综合征症状的诱发因素。

肠易激综合征发生的心理生理学机制比较复杂，涉及脑－肠轴、心理－神经－免疫轴和心理－神经－内分泌轴等。心理社会因素通过脑－肠轴对胃肠道生理功能产生影响，引起胃肠道黏膜感觉功能异常、黏膜腺体分泌改变和平滑肌运动功能紊乱，多数患者表现为胃肠道平滑肌痉挛痛、腹泻，而少数患者则胃肠蠕动缓慢、便秘、腹胀。腹泻与便秘交替发作者也较常见。心理－神经－免疫轴和心理－神经－内分泌轴可能主要通过引起肠道菌群改变、内分泌紊乱而导致肠易激综合征症状的发生。

（五）糖尿病

糖尿病是由遗传和环境因素相互作用所引起的，以血中葡萄糖慢性增高为基本特征的代谢性疾病。该病因胰岛素分泌不足或胰岛素作用缺陷，引起糖、蛋白质和脂肪代谢异常，久病可引起多系统损害，导致血管、神经、心脏、肾脏和眼睛等组织器官慢性并发症，严重时可引起糖尿病酮症酸中毒和高渗性非酮症糖尿病昏迷（高渗昏迷）。

糖尿病分为两种类型：1型糖尿病和2型糖尿病，二者在病因、发病机制、治疗上存在明显不同。研究证实，作为内分泌代谢疾病的糖尿病，它的发生、发展、治疗、预后与个性特征、情绪波动、心理应激及社会因素密切相关，属于典型的心身疾病。WHO已将糖尿病归为与生活方式有关的非传染性慢性疾病，并强调心理应激在其发生中的重要作用。流行病学调查结果显示，1型糖尿病症状出现前常有重大生活事件发生，如丧失亲人和父母离异等。而2型糖尿病的发生多与生活压力大、长期处于慢性应激状态有关。糖尿病患者与健康人群相比，更具有孤独性、无子女或独生子女、亲子关系不佳、提前退休等倾向。多数糖尿病患者性格不成熟、具被动依赖性、做事优柔寡断、缺乏自信，常有不安全感，有受虐狂的某些特征。这些人格特点被某些学者称作"糖尿病人格"。

糖尿病的发病机制目前主要有遗传学说、病毒感染学说及自身免疫学说等，而心理因素可通过大脑边缘系统和自主神经系统影响胰岛素的分泌，成为糖尿病的诱发因素。在应激状态下，交感神经系统兴奋，动员糖原储备释放、升血糖激素和胰岛素拮抗激素分泌增加，血糖升高，诱发或加重糖尿病病情。在急性重大应激时，某些个体调节失控，免疫功能紊乱，造成免疫系统对自身胰岛β细胞的攻击和永久伤害，胰岛素分泌绝对不足，形成1型糖尿病。慢性应激状态下的慢性血糖升高和胰岛素受体抑制所引起血糖水平不可逆增高是2型糖尿病重要的发病机制。

(六) 白癜风

白癜风为原发性局限性或泛发的皮肤色素脱失症，是由皮肤和毛囊的黑色素细胞内酪氨酸酶系统功能减退、丧失所致。皮损完全无色素，大小不等，形状不规则。全身各处皮肤均可发，边界清楚，边界处色素较深，斑内毛囊变白。

白癜风发病原因复杂，与遗传、心理社会因素、生活习惯、地区、职业、气候与季节等多种因素相关。其中心理社会因素在发病中起重要作用，约三分之二的发病与之有关。这些患者存在明显的不良人格特点，表现为易焦虑、担忧、郁郁不乐、忧心忡忡、情绪起伏大、渴望刺激和冒险、敌意、难以适应环境、固执、倔强等。其心理健康状况整体较差，超过半数的患者存在明显的焦虑、抑郁或更多的负性情绪和心理症状。此外，精神创伤、心理压力导致的思虑过度在白癜风的发病中也占重要地位。

本病是由免疫功能紊乱、内分泌功能失衡，产生抗黑色素细胞抗体，造成黑色素细胞损伤、脱失而发病。社会心理因素中的人格、情绪和生活事件可导致应激，后者激活下丘脑—垂体—肾上腺轴使促肾上腺皮质激素释放激素（CRH）过度分泌，促肾上腺皮质激素（ACTH）与黑素细胞刺激素（MSH）、阿片肽等均源于前阿黑皮素（POMC），ACTH的增加使MSH减少；CRH引起垂体分泌的ACTH可促使肾上腺分泌皮质醇，同时激活交感神经系统，促进儿茶酚胺分泌。皮质醇影响周边及中枢的多处功能，有学者认为它间接刺激胰岛素分泌，导致脑内L-色氨酸增加而引起5-HT增多，进而使褪黑素增多，导致褪黑素受体活动过度，致黑素细胞破坏而致病。此外，P物质是感觉神经末梢释放的感觉神经肽，有研究发现在白癜风皮损及正常皮肤交界处P物质增多，认为可能与皮肤损害有关。

(七) 系统性红斑狼疮

神经免疫学研究发现，免疫系统与神经系统在解剖和生理上存在着紧密联系，心理社会应激通过神经递质的传导也可对免疫系统产生影响。风湿免疫科的许多疾病都可归为心身疾病，心理行为干预能够改善这类患者的病情，促进疾病缓解和身体康复。

系统性红斑狼疮（System lupus erythematosus, SLE）是一种以多系统损害和多种自身抗体存在为主要特点的慢性系统性自身免疫病，病情缓解和急性发作常交替发生。SLE 的发病高峰为 15～40 岁，女性发病率显著高于男性，男女发病比例约为 1:9。

研究显示，遗传因素是本病的重要原因，SLE 的发病有一定的家族聚集倾向，SLE 患者的同卵双生兄妹发病率为 25%～50%，而异卵双生子间发病率仅为 5%。本病多发于年轻育龄女性，提示内分泌功能紊乱与 SLE 发病有关，雄性激素可抑制疾病的表现，男性体内女性激素和男性激素的平衡紊乱，女性体内女性激素活性增强是导致系统性红斑狼疮的原因之一。

心理社会因素与该病的发生和加重相关，患者起病或复发前常见应激性事件。心理社会应激对系统性红斑狼疮的影响主要是通过对免疫系统和内分泌系统的影响而发挥作用的。应激在特定人格和其他个体素质的基础上引起机体不同程度的心理和生理反应，导致内分泌和免疫功能失调，诱发本病或使原有症状复发、加重。而反过来，免疫性抗体亦可损害中枢神经系统，导致神经元损伤和微血管病变，引起复杂的精神症状，如头痛、失眠、焦虑、情绪不稳定等类神经症性症状，情绪低落或兴奋多语等情感症状，以及幻觉、妄想等精神病性症状，严重者会出现意识和定向力障碍等。

（八）进食障碍

进食障碍（Eating disorder, ED）是以进食行为异常为显著特征的一组综合征。这组综合征主要包括神经性厌食症（Anorexia nervosa, AN）、神经性贪食症（Bulimia nervosa, BN）和神经性呕吐（psychogenetic vom iting, PV）。本病以年轻女性多见，首发年龄平均为 15 岁至 19 岁不等。

各种生物因素和心理社会因素相互作用，共同促成了进食障碍的发生。心理社会因素在本病的发生中起着重要作用。患者在性格发育上有偏差，主要表现为有神经质的倾向和过度的完美主义，如易出现焦虑、抑郁、刻板、敏感、自卑、敌对等不良情绪和性格。社会因素如肥胖已经成为全球性的问题，以瘦为美的社会文化影响了大批人群，尤其是女性群体或某些特殊职业群体。关于体象不当的媒体宣传、家庭矛盾、父母的个性缺陷影响等都会对疾病的发生起到促进作用。

（九）肥胖症

肥胖症是人体摄入大于消耗，从而引起脂肪在体内聚积过多，使体重超过标准体重20%。北京市约有三分之一的妇女超过平均体重，低龄学童肥胖率为15.4%，超重率为12.5%。本病的发病率男高于女，以年龄递增，肥胖程度以轻中度为主，占80%以上。目前还有增加的趋势。

肥胖症是由生物、社会、行为和心理等多方面的因素造成的。生物因素包括遗传以及饱觉中枢抑制等。社会因素指社会进步，温饱问题解决，营养过剩，生产中体力消耗降低，生活渐趋舒适。行为因素指体力消耗小，运动少和不合理的饮食结构。

人的摄食和体力活动都与人的情绪有关。人在寂寞孤单、无聊和情绪焦虑不安时，会有多食的习惯。偶尔焦虑时，肾上腺素会刺激交感神经而抑制食欲，但长期焦虑却使迷走神经兴奋，刺激胰岛素分泌，从而使食欲亢进。

（十）不孕症

婚后同居3年以上未避孕而未怀孕者为不孕症。不孕症分为器质性和心因性两种。许多社会、家庭、心理因素，都能使人产生不良的情绪。长期紧张、抑郁可通过下丘脑影响内分泌及植物神经功能，从而导致卵巢的排卵功能受抑制，继而发生停经、输卵管痉挛、宫颈黏液分泌异常等变化，引起不孕。

中国人传宗接代思想非常严重，许多夫妇结婚后，稍长一段时间没有怀孕，就会有很多来自社会舆论和家庭方面的压力，而妇女承受的压力最大。随着时间的推移，压力越来越大，妇女情绪也越来越紧张，最终导致神经及内分泌紊乱而不孕。

许多不孕者的性格表现为敏感、易紧张、好焦虑、神经质、缺乏自信。有的还有癔症倾向。这类个体对社会心理刺激比较敏感，情绪易产生波动，且易受暗示。

（十一）神经性皮炎

神经性皮炎又称慢性单纯性苔藓，是一种慢性瘙痒性皮肤病。病程较长，易复发。好发于躯体易受摩擦的部位，如颈项部、前臂、股内侧、会阴部、肘窝、四肢内侧等部位。发病时由于剧痒，搔抓后局部出现针头大小、不规则扁平的丘疹，以后丘疹融合成片状，形成苔藓化。丘疹发生时常有对称性。情绪急躁、倔强、欲求过高的患者，在发病时常常心烦意乱，焦虑不安，更使疾病恶化。

神经性皮炎的病因目前还不明了，学者认为除了理化刺激、遗传因素外，情绪因素起着重要的作用。多数患者在发病前曾有生活事件导致的情感障碍。有研究者发现，家庭问题引起颈项部发病，羞耻感引起前额和面颊发病，过度责任感引起膝、肘和肩部发病，性的障碍引起大腿和会阴部发病。

皮肤可称得上是心理的器官，内心矛盾可通过情绪的变化以及皮肤疾病的形式表现出来。皮肤的生理功能受着植物神经的控制，而情绪反应可通过植物神经来影响皮肤功能。不安或愤怒可使皮肤血管扩张，皮温上升，瘙痒阈值下降，从而诱发神经性皮炎。

（十二）斑秃

斑秃俗称鬼剃头，是一种骤然发病的局限性斑状脱发。脱发部位无炎症表现，也无自觉症状。个别患者头发可能全部脱落成为全秃。严重时眉毛、胡须、腋毛、阴毛全部脱落，成为普秃。本病可自愈，但亦可复发。患者多是性格内向、自尊心较强、心胸较狭窄、多愁善感的人。

斑秃的病因目前尚不明了，但情绪因素、内分泌因素、肠道寄生虫等因素与该病发生有关。特别是情绪因素，在该病的发生、发展及康复过程中都起着重要作用。

临床实践表明，解除精神负担，消除不良情绪，是该病的最佳治疗方法。有时药品疗效的声誉或昂贵价格的暗示作用，甚至比药品本身的治疗作用更大。

三、"心"是如何致病的

与疾病有关的"心"方面的因素很多，下文仅就目前研究较多的情绪因素与潜意识因素进行探讨。

（一）情绪与生病

1. 情绪的概念和作用

情绪是人对客观事物能否满足自身需要所产生的好恶态度和心理体验，并伴随一系列心身反应。情绪与人的需要或目的是分不开的，需要是情绪产生的基础，但客观事物并不直接决定情绪，而很大程度上取决于人对其的解释和评估。可以说，情绪既是一个心理过程，又是一个感受状态；既是一种反应，又是一种体验。情绪以内部感受和外部表达的方式被自己和外部觉知，在情绪状态下，个体伴随出现相应的体验，通常会以表情、语言的形式向外传达。此外，生理反应也是情绪的重要部分。因此，情绪心理包含了情绪体验、情绪表达和情绪生理反应三部分。

情绪是生命进化的产物，从产生之日起就承担了其对物种适应环境的促进作用。情绪是较原始的"语言"，是个体间信息传递的有力工具，可以通过情绪的传递表达自身状态，寻求同伴的协同，促进群体交流，改善生存环境，因此情绪是个体适应生存的心理工具。情绪也是动机启动和执行的"催化剂"，在相应情绪的刺激下，个体的动机变得尤为强烈，激发起果断而有力的行为活动，从而满足需要，缓解情绪张力。

然而，对于人类来说，情绪对个体适应生存的作用存在两面性，情绪对其他心理活动，如思维、意志、行为等活动过程有明显的双向调节作用，正性情绪能调动和协调心理活动各要素，激发潜力；而负性情绪则有着明显的破坏和瓦解心理进程、诱发心身损害的消极作用。这是因为，一方面，人是从动物进化而来，延续了动物的情绪性适应功能；而另一方面，人又进入了高度社会化的阶段，生存环境早已脱离蛮荒状态，所接受的挑战主要来自人类社会内部的第二信号系统。人对环境的适应不再是主要依靠情绪性奋起搏斗或逃避，而是依靠理智。因此，情绪对人类的适应能力显示出消极的一面，当对社会刺激的情绪反应过度强烈或持久，而又不能像动物一样通过躯体性搏斗释放体内积聚的与情绪相关的生理能量，必然会通过心理生理相互作用机制损害心身健康。

2. 情绪对人体的生理、病理影响

（1）情绪相关的生理反应

刺激因素引起内脏脑（Visceral brain）的激活，后者经由心理－外周神经系统、心理－神经－内分泌和心理－神经－免疫轴介导引起情绪相关的生理反应。

心理－外周神经系统反应通路主要通过交感神经－肾上腺髓质轴起作用。

心理社会刺激因素被感知后进入中枢，经加工处理，冲动传导到杏仁核，激起情绪反应，同时向蓝斑投射的神经纤维激活蓝斑，引起交感神经－肾上腺髓质系统的兴奋，释放出大量肾上腺素和去甲肾上腺素，继之心率加快，血压上升，呼吸加快，肌张力升高，胃肠活动抑制，尿量减少，血糖升高，强烈的反应甚至可引起凝血功能改变。副交感神经激活时可出现血管扩张，血压降低，皮肤潮红甚至晕厥等表现。如果上述情绪伴发的一系列生理反应受到人类理性规则的约束和限制而不能及时爆发释放，那么会对躯体健康造成不利影响。

心理－神经－内分泌通路是情绪性刺激通过激活肾上腺、性腺、甲状腺产生系列生理反应的通路。中枢的下丘脑是调节情绪和相应生理反应的枢纽，是心－身联系的桥梁。下丘脑室旁核合成和分泌的促肾上腺皮质激素释放激素（CRH），是下游下丘脑—垂体—肾上腺轴（HPA axis）、下丘脑—垂体—甲状腺轴（HPT axis）和下丘脑—垂体—性腺轴（HPG axis）的始动激素，情绪性刺激能够促进下游激素的合成与释放，后者与儿茶酚胺类递质共同介导情绪相关生理反应。神经－内分泌轴的激活可引起显著的生理反应，如血压和血糖波动、炎症反应、生殖生理的改变、代谢异常等。

研究发现，在免疫细胞上广泛存在着神经递质和内分泌激素的受体，甚至某些激素或递质本身又是炎症介质，情绪性刺激因素通过心理－神经－免疫通路影响免疫器官和免疫细胞的功能。通常认为，短暂的刺激可增强免疫抵抗力，而慢性的刺激会造成免疫功能紊乱，诱发或加重免疫相关疾病。

（2）情绪相关的病理反应

情绪对全身各大系统疾病均存在影响，美国医生约翰·辛德勒在其《病由心生》中认为，76%的疾病都是情绪性疾病，并提出了"情绪决定健康"的医学理念。下面以消化系统疾病、心血管系统疾病、肿瘤为例，介绍与情绪相关的病理反应。

①情绪与消化系统疾病

消化系统是对情绪变化较为敏感的器官，常被称为情绪的表达器官。平时我们常看到或体验到这样的情况：心情忧愁时即使有山珍海味也难以下咽，心情愉快时粗茶淡饭也津津有味。这说明消化系统的功能受情绪的调节。

著名的"胃瘘"实验有力地证明了情绪对胃肠道功能的影响。早期的心身医学研究专家沃尔夫选择了一名胃瘘病人作观察对象。当病人情绪低落、抑郁时，通过胃瘘管可看到胃蠕动消失，胃黏膜因血管收缩而变得苍白、胃液分泌减少，胃酸浓度降低；病人处于焦虑或愤怒状态时，胃蠕动加剧，胃黏膜充血变红，胃液分泌增加，胃酸含量升高，有时甚至可看到胃黏膜受到胃液的侵蚀。这个实验让我们明白了为什么忧愁的时候不思饮食，为什么有人越生气进食量越大。这是由于愤怒时胃的上述变化使胃对食物的消化能力过度加强，从而引起饥饿感，而且，大量进食会缓解紧张状态，减轻高酸度的胃液对胃黏膜的侵蚀。

动物实验也证实了情绪对胃肠道功能的影响，用同窝的两组大鼠进行实验。在每只鼠的尾巴上系上电极，在给电前发出信号，使一组大鼠能主动控制而不受电击，另一组则不能主动控制而常面临遭受电击的威胁，后者受焦虑、恐惧、紧张不安的情绪影响，几乎都产生了胃溃疡。

②情绪与心血管系统疾病

有学者对323例高血压患者研究发现，发病前不良的个性情绪在高血压的病因中占74.5%。台湾医生许添盛提出："恐惧是所有情绪中对身体最有杀伤力的，长期恐惧会升高血压，加速身体的代谢速率，导致内分泌失调，影响全身器官运作，让身体易受疾病侵扰。"临床研究也证实，焦虑、抑郁情绪可使儿茶酚胺升高、类固醇激素分泌增加、垂体加压素分泌增加，致使血压升高。

2009年年初，我国卫生部门公布了一组数据：有学者对200名46~55岁中年人进行长达一年的研究，发现消极的情绪如抑郁、焦虑、愤怒等，均对心脏造成损害，特别是引起冠心病。结果显示，这些消极因素每上升1分，患冠心病的危险就增加5个百分点。

国内外研究表明，急剧的情绪波动和过度紧张，不仅促使冠状动脉发生粥样硬化，也是心绞痛和心肌梗死的主要诱发因素。情绪反应可引起血脂变化，通过糖代谢障碍和高胆碱能血症，使血液凝固性增加，导致动脉粥样硬化而诱发冠心病。激烈持久的情绪反应，可使交感神经活动增强，肾上腺素分泌增加，使冠状动脉收缩；同时促使肾上腺皮质激素释放，去甲肾上腺素及肾素分泌增加，冠状动脉进一步收缩而发生心绞痛或心肌梗死。儿茶酚胺的上升，可使脂肪组织的分解增加，梗死范围扩大，导致严重的心律失常或猝死。持久而激烈的情绪反应还会引起机体的需氧量增加，心肌供血相对不足，冠脉痉挛，心肌超常收缩。长此下去，就会出现代谢失常，发生心肌劳损，缺血坏死和衰竭。

③情绪与肿瘤

高百宁研究表明，81.2%的癌症病人生前历经负性生活事件。英国癌症专家也有类似发现，在250名癌症患者中，有75%的患者在发病前有明显的重大生活事件而使精神受到严重的打击。高北陵等人曾对六大类恶性肿瘤（鼻咽癌、肺癌、宫颈癌、乳腺癌、恶性淋巴瘤、肝癌）进行研究，发现患病者病前多有负性情绪体验，其中以肝癌病人病前负性情绪百分比最高（80%），其次为宫颈癌（78.6%）。负性情绪会导致神经内分泌及体内能量的恶化，造成免疫功能降低，自身防御功能下降，遏制癌细胞的功能受到限制，癌症就随之发生。此时，癌症向什么方向转化和发展，也与这些负性情绪息息相关，如果这些负性情绪能通过正常途径得到疏通和宣泄，那就可能有转机，相反则后果严重。

德国有一位治癌医生，他的儿子在1978年刚刚满19岁的时候死于意外的交通事故，他与妻子在极度悲痛之下两人同时患上了癌症，他亲身体验以后才知道，原来情绪与疾病有着密切的关系。然后他留心观察了上万个癌症病例，发现身体得癌症的部位与负性情绪有关，例如：

> 患乳腺癌的人，病因之一就是与孩子有关的矛盾和冲突长期存在；患肝癌的人，病因之一就是来自于家人在金钱上的冲突所积压的怨恨；患子宫癌的人，往往有婚姻的不幸福、不美满；患睾丸癌的人是来自得失的强烈冲击，比如父亲突然失去儿子，就容易得这种病；患直肠癌和膀胱癌的人，往往有强烈的人际冲突，比如儿子长期不理睬父亲，父亲就容易患直肠癌；患骨癌的人是往往受到价值减低的冲击，比如工作上长期得不到提拔升迁等。

肿瘤与情绪的关系也得到了大量实验研究的证实。如华盛顿大学的赖利博士把一组实验鼠置于高度精神压力之下，而对照组则置于毫无精神压力的环境中。当时预期这两组鼠会有80%患癌。可是，结果却出乎意料。受精神压力的鼠，有92%长了癌，而对照组仅7%患癌。提示我们，尽管所有的鼠都具有患癌症的易感性，但精神压力及程度对癌症的发生，具有极其重要的影响。正如台湾医生许添盛所说："长期沮丧、忧郁、愤怒、压抑等无法缓解的精神压力，正是人体免疫系统最大的杀手，强烈的'绝望感'则给了身体巨大的暗示，让它配合主人慢性自杀，于是我们功能优越的免疫系统逐渐溃守，任由体内的癌变细胞取得主导地位。"

对于情绪致癌的机理，根据塞里的应激学说，癌细胞是一群脆弱的、结构混乱的细胞，癌是从一个含有错误遗传信息的细胞开始的。其所含的错误信息，是因为它曾接触有害的物质或化学药物，或出于心理、社会不良的损害，或者单纯是因为在不断产生亿万细胞时，身体偶尔会制造一个有缺陷的细胞。如果这个细胞繁殖出另一些含有同样错误遗传信息的细胞，那么，由这些细胞组成的一个肿瘤便开始形成。

另有研究发现，痛苦或抑郁与发生癌变的三个重要过程相关：较差修复受损的DNA，增加姐妹染色单体交换的频率以及增加细胞的凋亡。

(二) 潜意识与生病

1. 潜意识的概念

所谓潜意识，又称无意识，通常是指这样的心智过程，它们外在于一个人的现象觉知并独立于他的自主控制，但影响到他的感受、思想和行为。Pervin提出："我们所称的无意识是由一组内容和过程组成，它们无法通达觉知（意识），但却能潜在地影响心理功能。我们所说的无意识由思想和感受构成，尽管它们当时无法通达意识，但却影响着其他的有意识的和无意识的思想、感受和行为。我们所说的无意识是由过程构成，通过这些过程，这类影响和效应会出现。总之，尽管我们有时会谈到无意识，但事实上我们所在谈的是对人的心理功能有影响，而他没有觉知到其效应的内容和过程。"这些无意识心智现象包括了阈下知觉、内隐记忆、无意识直觉、分离现象、盲视、无意识的思想、自动的或例行的过程等。

2. 潜意识对人心理和躯体的影响

分析心理学创始人荣格说："精神是任何人生命存在的土壤"。Groddeck进一步提出："我们生命中更重要的东西则藏在潜意识中。"足见潜意识对人心理和躯体的重要性。但是，由于受科技发展水平的限制，我们目前还很难用自然科学的办法来阐明潜意识致病的生理病理机制。下面将用我们的临床案例来探讨潜意识是如何导致心理障碍以及躯体疾病的。

（1）若干心理障碍的潜意识原因

她小小年纪为何吸烟、喝酒，还纹身

一个高一女生，16岁，因不愿上学而被母亲带来咨询，不愿上学的直接原因是：违反学校规定携带和使用手机，被没收并遭批评。来访者自述这只是最近的一个原因，其实初中以来就不想上学，中考不理想后这种想法更强烈，但是又觉得不上学对不起父母，于是虽照常上学，但是注意力不集中，学习效率低，成绩不好。自己对画画有兴趣，希望退学，学画画，做自己喜欢的事情。近一年来有吸烟、喝酒、纹身、打舌钉、割自己皮肤等行为。描述这些情况的时候该女生神情淡定，她说她也知道别人会认为这些行为不好，但是，当因为这些被别人关注时还是有一种存在感和得意感的。整个交谈过程中该女生显得比同龄人成熟，却又有这些不成熟的应对方式。

该女生自幼父母均在外地做生意，有一个弟弟，两人均由奶奶抚养，上学后住校，周末回奶奶家。回想小学时经常被人欺负而很无助，给妈妈打电话，妈妈就让她忍一忍。从那时候起就觉得人都是不可信任的。初中开始学习成绩下降，后来父母回家做生意，但是与父母的关系并不亲密，"他们觉得为我做了很多，我应该好好学习，按照他们的安排来，我也不想让他们难过，可是我现在真的不想上学，上学也是没有在认真学习。"

缺乏亲密陪伴的童年生活，造成了孤独、孤立、愤怒和内心空虚，排斥他人却又希望引起他人的注意，愤怒指向自己就伤害自己，如割手腕、吸烟、喝酒、打舌钉等，指向外界就是对他人的抵抗，违背他人的愿望，如不好好学习。

突然失明的女孩

一个初中女生，突发失明，各种检查未见异常，转至心理科就诊。女孩跟医生说着说着就流泪了，她觉得父母对她不好，对弟弟更好，因此她

总是不开心；在学校她希望与同学关系好一点，但似乎总不太受欢迎；她还觉得自己什么都不好，长得不漂亮、没什么特长，虽然学习成绩还可以，但又有什么用，而且现在学习成绩也已经下降了。经支持和暗示治疗症状消失，但过了一个月又复发了。自发病后，其父母处处小心翼翼，却仍旧没法让她满意，于是症状又出现了。到后来父母受不了她的折腾，又恢复老样子，忽视她，不理睬她，于是病痛就不太容易治愈。

个体面对自身难以忍受的行为、思想、情景时，会产生强烈的精神冲突，进而导致癔症。癔症是潜意识影响身心健康的典型例子。患者虽存在夸大和表演性，但躯体症状是实实在在的。弗洛伊德对癔症患者运用精神分析疗法治疗，暴露幼年期没有满足的欲望，效果不错。

对自己长相极度不满的教师

一名职高男教师，31岁，多年来认为自己暴牙难看而非常苦恼，任何时候与别人接触都感觉别人肯定关注和笑话他的暴牙，因而与人相处时很不自然，并长期为此自卑。最近谈了一个女友，恰巧对方也略有牙齿不整齐，虽然自己也到了谈婚论嫁的年纪，双方在其他方面也还比较适合，但是牙齿这个问题是很大的障碍，他觉得两个暴牙在一起别人会更加笑话，而且担心会不会遗传给小孩。医生运用认知疗法效果不佳，然后问他为什么不去整牙，他说年纪大了整牙效果不好，而且这么大年纪整牙别人也会笑话的。

这位先生，出生家境不太好，父母对其挑剔，要求高，总是否认他和指责他。他凭借自己的努力，学习成绩比较好，毕业后找到了一份教师的工作。就目前来看，各方面都还可以，虽有牙列不整，但总体长相还可以。

从对自己长相的某方面不满到体象障碍，到整容，有些人不能忍受自己的形象，于是执着寻找着另一种形象，暴露出的问题是潜意识对自己的否认和不满，这种情况女性更多。"我不够好，我没用"的观念根深蒂固，而且可能会隐藏起来，他们把对自己不满的焦点都集中到了自己的身体上。他们可能会说："如果我再瘦一点儿，如果我眼睛再大一点，如果我的鼻梁再高一点，如果我的身高再高一点，就……"但是哪怕他们所在意的形象改变了，往往问题还不能解决。只有寻找和意识到自己内心深处问题的源头，询问自己为什么在意，真正在意的是什么，有什么经历或家庭情况与此有关，然后去理解和接纳自己，症状才会消除。

两次服用三唑仑自杀的女孩

一名女子22岁，向交往半年的男友提出订婚，因男友不希望这么快订婚而大量服用三唑仑自杀。出院没多久，再次过量服用三唑仑自杀。急诊科联系心理科会诊，与心理医生交谈时女孩表示自己想开了，那些事情先不管了。出院后一周，母亲带着孩子复诊，偷偷地告诉医生，女儿这几天都没在家，都在男友那边，她要求我们和男友父母见面谈订婚的事情，结果男朋友当着大家的面说她的不好，男友母亲也明确表达了不同意，几乎是撕破了脸，所以心情很不好。与医生交谈时女孩同样是说自己太急了，以后要顺其自然了，最后要离开时又问了医生，假如她和男友双方都想和好是不是可以再在一起。

恋爱和婚姻中，为什么会非他/她不可？一旦恋爱或婚姻出现问题，就要死要活，或者死缠烂打，认为没了对方就全完蛋了。弗洛伊德将之归于恋父或恋母情结在作怪。我们认为个体潜意识中的某种需求能够通过对方得到满足，或自身的缺陷能通过对方得到弥补，因此就不顾或看不到或能够容忍其他方面的不适合，不顾对方其他方面的缺点，也不顾对方对自己的情感，但这种"不顾"终将在对方不这么做了，或者长期相处后受不了对方身上的缺点而爆发危机。

（2）若干躯体疾病的潜意识原因
好不起来的胃溃疡

一位中年男子，公务员，很上进，工作业绩也不错，上升得也快，自觉平时工作压力比较大。近两年常常胃痛、胃胀，检查发现胃溃疡，消化科药物治疗效果欠佳。因身体不好，工作也只能先放一放，在原职位上混日子。

消化道疾病是典型的心身疾病。胃既接受食物，又分泌胃酸消化食物，

"接收和感受"外部信息，对外部信息"作出反应"。如果委屈、紧张、愤怒等负面情绪不向外部表达，而是积在"肚子里"，强大的心理压力就会在他们相对薄弱的胃上寻找突破口，胃壁上的溃疡，就是这一突破口的象征。人再坚强，身体也会暴露真相。巧的是，中文里"消化"一词的衍生义即是处理外界信息。

有家医院的一位消化科医生名声特别大，大家都说他好，都找他看胃病，他的号也成了100元的特需号（在一个四线城市）。原来这位医生会常规地询问胃病患者的"心事"，会"安慰"和"开导"患者，抗抑郁药、抗焦虑药也是他的常用处方！

但是从临床来看药物的作用往往不彻底，容易复发。有人做了一个有意思的比喻，得了胃病要吃软食，要卧床休息，要人照顾，这不就是回到婴儿状态吗？也就是说胃是心理需要的一种表达方式，心理的问题解决了，胃才会舒坦。所以，胃病患者应该有意识地察觉和分析自己内心需求的真面目，有意识地训练自己处理冲突（包括表面冲突和深层冲突）的能力，从而让自己有更好的"消化"功能。

反复头痛的男生

读七年级的12岁男生，自4年前开始出现反复头痛，经常缺课，但在家里则精神较好，整天玩电脑。医生逐步了解到，该男生小学一年级时成绩好，被评上"三好学生"；二年级时班主任办补习班，他没有参加，虽然学习成绩较好，但是没被评上三好学生；三年级时班主任老师换了，情况又较好；四年级他考试第9名，只选前8名为三好学生；五年级时他考第15名，却选了前12名为三好学生。他很痛苦，觉得老师不公平，之后成绩下降更明显。进入初中后，该男生一开始信心满满，科学考了满分，可是慢慢地又开始出现头痛、不想上学、成绩下降的现象，总被老师批评惩罚，于是更加觉得老师不公平，更加不想上学，头痛的频率更高，但只要在家，情况就会明显改善甚至症状消失。

可以看到，这位男孩的内心深处是非常渴望得到认可的，学校老师的偏见影响了他的自我认可和对他人的信任，而家庭也没有及时给予积极关注和理解引导，问题积累下来，导致他的努力都是为了结果，结果不好就没有价值了，他就想逃跑，但是他的潜意识里不允许自己这么"差劲"，于是身体帮助了他，头痛确实是一个聪明的办法，过度玩电脑游戏则是另一个解决内心冲突的途径。

患高血压的老板

一位高血压患者，43 岁，私企老板，服用两种降压药，仍常常有心慌、胸闷、恐惧的症状，情绪不好时，服药后测血压仍旧是高的。辅助检查未发现异常。

该患者在心内科医生的建议下到精神卫生科就诊，抗焦虑药物治疗了一段时间，症状基本消失，维持治疗 1 年后停药，停药后 3 个月复发。这次心理治疗师与其谈话，患者道出了 2 年前经历过 3 位亲友的猝死，包括母亲、姐夫和表弟，他们是因心肌梗死或脑溢血而离开的。患者对此非常心痛，同时也对自己的躯体健康很担忧。常常出现心慌、胸闷、头晕、头痛、乏力等症状，经常去医院检查，其他没查出什么，血压始终很高，于是医生给他用降压药治疗。自从被诊断为高血压病后，患者不敢运动，生怕血管破裂。进一步了解到患者平时个性要强，工作努力，但性格急躁，虽然生意做得不错，但是觉得很累。

早在 1987 年，美国心脏病专家弗里德曼说："尽管把任何一个心理因素都说成是病因，还为时过早，也过于武断，但人格对于健康具有潜在的影响效果是毋庸置疑的。"高血压、冠心病、阵发性心动过速等心血管疾病被列为心身疾病是有依据的，1995 年心血管专家胡大一教授提出双心理论，强调心脏与心理的紧密联系及对心血管病患者心理处理的重要性。有临床研究显示，在冠心病患者中，具有 A 型性格行为者（其特点是雄心勃勃、争强好胜、但缺乏耐心、容易产生敌意情绪，常有时间紧迫感等）占 2/3。

难以缓解的疲惫

工人和农民天天干很重的体力活，也未必有明显疲劳的脸色、躯体和心理感受。但都市中却有不少人常常一副疲劳相，它与个体的劳动支出并不成正比。我们会发现当一个人做不愿做的事情时，受勉强、畏难、厌烦等心理的影响，人就很容易疲劳。还有些人希望别人看到自己的价值，就可能会经常加班或抱怨太累了，以显示自己的重要，同时还可逃避家务。从小被惯的人不太能承担责任，更容易有这种问题。所谓潜意识在制造疲劳相。

身边有一位认识的人，平时喜欢去美发店美容院消费，喜欢逛街买名牌，喜欢到处旅游，就是不喜欢工作，上班时总是说累、说烦、说不想上班，在专业上也是不思进取。她经常请假，要么是头痛、腹痛，要么是孩子有什么事，要么甚至直接是想休息一下而请假。奇怪的是，她发生交通意外的事情也特别多，如一次开电瓶车撞倒了，因为臀部和腿部受伤请假休息半个月，不久后又在走路时崴脚了，得请假休息一周。该女士自幼受到父母溺爱，但因父亲脾气暴躁，所以也免不了经历父母争吵以及对自己的言语暴力，其本身就是个矛盾体。潜意识可以让一个人不用工作，还能得到关心照顾，也不会受到指责。

3. 思考与启示

上述案例和现象非常值得我们思考。为什么执迷不悟；为什么明知不对还要做，明知不好还改不了；为什么会得一些病，而且很难好转？有时候我们在意识中能找出点儿原因，但往往是表面的、肤浅的，并且用通常"讲道理"的方法解决不了问题。

这时候，我们需要深入地去分析意识下面的原因。正如弗洛伊德所提出："在人类自觉意识之外，还存在着一种人们没意识到的内驱力，这个内驱力时刻存在于人的精神世界里，支配着人们的行为，这便是潜意识；那些有意识的过程只不过是整个精神生活的片段和局部；即整个精神生活就像是一座冰山，意识只是露出在水面上的一小部分，潜意识则是隐藏在水下，成为意识的基础并决定其方向的绝大部分。"

荣格认为，任何曾经被体验过的东西都不可能消失得无影无踪，那些在当时没能引起自我认可的体验也并没有消失，曾经的体验统统被储存进了意识的底层——个人无意识中。它的里面容纳着所有那些与意识功能和自觉的个性化不协调、不一致的心理活动和心理内容。换句话说就是，被压抑、被忽视的东西就是万千心理行为、躯体不适的根源。

生物人类学家莫里斯对动物的特点和进化，以及人类的行为进行了大量的观察、研究和分析，揭示了一些现象的生物学基础。他在《裸猿》中指出：

> 并非所有的小毛病都真正是病，轻微的感染和不适常常受到认真的治疗，似乎这是大病的前兆。但是有确凿的证据表明，实际上这些病与原始的"整饰（指动物经常自己或与同伴相互整理、清洁皮毛的行为）要求"的关系更为密切。这一类症状反映的是行为问题，表现为身体不适，但并非真是身体出了问题。我们可以把这类问题称作"与整饰性邀请有关的小恙"。

临床常见的例子包括咳嗽、感冒、流感、背痛、头痛、肠胃不适、皮疹、咽喉肿痛、肝胆失调、扁桃体炎和喉炎。这些病症病情不重，却有碍健康，有"理由"得到社交同伴更多的关注，可引起医生、护士、药剂师、亲戚朋友对患者的安慰。只要患者得到友好的反应，得到同情和护理，这些病症通常会不治而愈。

有趣的是，这些病与个人的特殊要求相适应。例如，如果一位女演员苦于紧张的社会生活和压力，她会失声，会患喉炎，所以就得停止工作去休息，会得到安慰和照顾。于是紧张情绪遂告消除（至少是暂时消除）。假如她患的是皮疹，她可以用衣服把皮疹掩盖起来继续工作，紧张情绪因此就会延续下去。而对自由式摔跤手来说，失声不会是"与整饰性要求有关的小恙"，但皮疹的确是"理想的"病症；其保健医生发现，他们抱怨的最多的正好是皮疹。有意思的是，以裸体表演而著名的电影女明星常常患的是皮疹而不是喉炎。寻求安抚的要求越强烈，疾病就越严重。

人生一世，只有摇篮中的婴儿才受到最精心的照料和保护。病倒卧床造成十分有利的条件，使我们重新得到孩儿提时代得到的安抚和关心。我们可能会认为自己是在服用一剂猛药，实际上这是我们需要的强烈安全感，安全感能治愈我们的疾病。这并不是暗示我们装病，症状是真实的，但病症行为是果，不是因。

躯体化是潜意识处理压力的方式,也就是说心理问题转变为躯体问题。对这一转变的研究,已经成为一门单独的学科,叫作心身医学。有很多严重影响人们健康的疾病,就是由心理因素导致的,如高血压、胃溃疡、慢性头痛等。正如钟友彬等提出:"把内心冲突转化为躯体症状表现出来,并能从症状中获得部分扭曲的满足。"

也许会有人反驳,谁愿意生病啊!意识层面(理性层面)确实不希望生病,但是潜意识层面就未必了。生病确实是有好处的,但是在利益中还有种种不利之处,也就是有损失的,它能解决一些问题,但是代价很大,症候带来的苦痛,和症候之前的矛盾,其苦痛的程度大致相等,也许还要大些,自我希望避免症候带来的痛苦,但又不愿放弃由疾病带来的好处,这是个冲突。

总之,尽管关于潜意识的研究迄今仍是众说纷纭,有人赞同,有人抨击。对于潜意识的概念也还不统一,其神经生理学机制人类更是知之甚少。但是从弗洛伊德、荣格以及后人,再到更早的莱布尼茨、歌德、叔本华等人,甚至追溯到古老神话,只要我们不是野蛮分析和滥用,不是任何事物都一概而论,那么我们就有理由去承认有这样一种力量在无形地影响着我们的言、行、思,并且去学习了解和利用这股力量。

躯体患病后势必影响"心"

当你有病在身的时候,常常会经由恐惧将自己的病痛画面投射到未来,并且在不确定感的助长下,往往怀抱着一种焦虑及沮丧的心情,因此削弱身体的自愈力,让病痛继续延长。

——许添盛

从存在主义哲学和心理学的观点看,生命和死亡相互依存,它们同时存在,而不是先后发生的,死亡在生命表层之下持续骚动,并对经验和行为产生巨大影响。因此,人出生以后均会出现"死亡恐惧",只是程度不同、表达形式不同而已。例如,有些人表现为入眠困难、强迫症、焦虑症,有些人表现为性冲动,还有些人表现为躯体方面的不适。因此,任何躯体患病后都势必会影响到"心",只是程度大小而已。

据统计,我国综合医院门诊中心身疾病约占26%~36%,住院患者的心身疾病比例更高,内科疾病特别是心血管、消化道、肿瘤等疾病占心身疾病的79.99%。肿瘤患者的心理障碍发生率为26%~76%,恶性肿瘤接近100%。上海专家对国内城乡居民死亡原因进行的调查发现,纯粹生物因素导致死亡的只占27.8%,而因心理原因直接或间接造成死亡的比例高达72.2%。

有研究显示,30%的糖尿病患者、40%的卒中患者、50%的癌症患者、60%的心肌梗死患者符合各类抑郁障碍的诊断标准。继发于躯体疾病的抑郁症可能是躯体疾病的心理反应,或者是躯体疾病引发大脑某种病理改变的结果。无论哪种原因,躯体疾病伴发抑郁障碍都会使患者雪上加霜:

(1)患者对躯体疾病的治疗依从性更差;
(2)康复期更长;
(3)出现医患冲突的可能性更大;
(4)医疗花费更多;
(5)患者要承受更多的痛苦。

患者在身心的双重折磨下很容易陷入绝望状态,因此,伴发抑郁的躯体疾病患者有更高的自杀率。但患者往往做得很隐蔽,如糖尿病患者会悄悄停用胰岛素,心脏病患者停用硝酸甘油,停药后患者可能很快会因凶险的并发症死亡,然而看起来患者似乎是因疾病的进展而死亡。还有,伴发抑郁的患者可能由此成为各种手术、医疗处置后的"找麻烦者"。心胸外科及心血管内科医生往往会遇到这类患者。明明支架放的很成功,可患者仍天天主诉胸闷气短、心前区痛,缠着医生重复做各种检查。

同样,躯体疾病共病焦虑障碍的发生率也很高,其中偏头痛、胃肠疾病、心脏病和呼吸障碍等均非常容易共病广泛性焦虑障碍或惊恐障碍。

第三章 治病与"心"的关系

善医者先医其心,而后医其身,其次则医其未病。

——《青囊秘录》

自身有病自心知,身病还须心药医;
心若静时身亦静,心生还是病生时。

——邹铉

荣格说:"生命中所有最大、最困难的问题,基本上都是解决不了的,而有些人在苦闷中则能保持相当的乐观,并不是他们解决了问题,而是他们找到了新的生命信念来取代那种苦闷。"足见调"心"在应对生命问题中的重要性。

笔者在心理卫生科临床遇到强烈要求开"安眠药"的"失眠"病人时,往往会想到自己多年前在读大学和研究生期间经常半夜"睡不着觉",就会起身坐在床边想一想自己到底是怎么了。经历了许多失眠之夜,笔者对自己、对内心的感受、对人际关系、对生活中的经历、对生命的意义……都有了许多新的认识和体验。现在经常想,如果当时自己被贴上"失眠症"或者"焦虑症"的标签,以"安眠药"或者"抗焦虑药"来治疗的话,现在会是什么样了呢?

下面将从治病需要调"心"、调"心"可以治病两方面来讨论调"心"在治病过程中的重要性。

治病需要调"心"

谁靠药物活着,谁就活得可怜。

——罗·伯顿

> 如果吃再多的药，其背后的信念却不相信身体会健康，那么光是这种负面的信念就足以摧毁健康。
>
> ——许添盛

一、现代医疗在治病过程中的无力感

随着文明的进步，现代医疗在维护健康和治疗疾病方面做出了令人瞩目的贡献，例如，在意外事故和突发公共卫生事件的救护、治疗外科性疾病、提高孩子出生时的母婴安全等方面，现代医疗都显示出强大的能力。但是，为什么医患矛盾在加剧、患癌症的人数在增加、心理障碍的发病率和自杀现象也似乎在增加……

总之，现代医疗在解决人体慢性疾病和健康生命问题中日益显示出无力感，医疗的作用似乎像吹气球一样被夸大了。难怪美国门德尔松博士尖锐地提出："我相信，如果90%以上的现代医学从地球上消失，即90%以上的医生、医院、药物和医疗设备从地球上消失，那么，这就会大大地增进我们的健康。"英国约翰·马森·古德博士也提出："医学所杀死的人，要比饥饿、瘟疫、战争加起来都多"；"我相信，现代医疗不仅对疾病没多大疗效，而且往往比疾病还危险。我相信，由于将危险的方法广泛用于非疾病的治疗中，这种危险性又加大了。"

这些话或许存在过激的成分，但至少折射出了现代医疗在处理生命问题中的无力感。下面将从几个方面来探讨这种无力感。

（一）药物对延长寿命作用非常有限

在20世纪初期，发达国家的人平均寿命只有约为40岁，目前我国的平均寿命都已在70岁以上。对于人类延长了的寿命，药品制造商急于邀功，声称他们合成的药品是我们"青春和长寿"的保障。我们的中医药从业人员也在邀功，声称这是我们的"国宝"在养生、治病中的贡献。这些举动可以理解，但我们要看到的是，真正改变我们寿命的是经济、社会、生活方式的变化。

美国疾病控制和预防中心下属的国家环境卫生中心主任迪克·杰克逊提出："死亡率下降的部分中，90%发生在抗生素和疫苗出现之前"；"主要是因为水、食品和牛奶的卫生条件得到了改善；物理拥挤程度降低；人们开始使用集中供暖设备、污水处理系统和冰箱,而且不再使用毒性较高的煤料,改用毒性较低的天然气和油。"微生物学家勒内·杜波在《健康的幻象》中承认:"人们穿上了便宜又好洗的棉内衣,透明的玻璃使最低矮蹩脚的房屋也能照进光线,这两样事物对控制感染所做的贡献,远远大于所有的药物和治疗。"

当然,现代医疗技术对延长人类寿命还是起到作用的,比如心脏搭桥和起搏器的安装、肺部的人工呼吸支持、肾脏透析这一类让人叹为观止的发明,但药物的作用是非常有限的。正如美国"明星医生"亨利·比勒提出:"健康只能通过遵守自然的明确法则来获得。"

(二)药物会造成医源性问题

《百年谎言:食物和药品如何损害你的健康》中记有一个案例:

> 19岁的大学生乔丹·鲁宾来自佛罗里达,病痛折磨了他很长时间。他的症状是1994年夏天的一个午后突然出现的,首先他感到体乏,并伴有腹部绞痛、恶心和腹泻,一个礼拜内他的体重就掉了20磅;每天晚上他都会发烧到40摄氏度,而且隔一两个小时就得跑一趟厕所,最后造成了严重的失眠;几个月之后,他极度消瘦,形如集中营犯人。经过医生诊断,他患上了克罗恩病,一种"无法治愈"的肠道退化性疾病。
>
> 此后的两年,他的健康状况不断恶化,最后竟坐上了轮椅。他咨询过来自7个国家的70多位健康专家,试过了所有能想到的方法,但总是找不到治愈的方法。乔丹总结道:"一些被证实有效的营养品,其实根本就没有科学依据,我想要活命,就得继续吃这些药,可是这些药的副作用几乎和我的病痛差不多。"

类似的情况在我们身边是"有过之"而"无不及",因为中国人是喜欢吃药、输液的民族,不仅普通百姓如此,部分医生也是如此。他们往往认为,化学药、生物药存在副作用,而中草药、中成药没有毒副作用。殊不知中草药、中成药更是危险。因为一方面,大部分中草药和中成药的有效成分、在体内的代谢过程、不良反应都没搞清楚,疗效也没有得到临床双盲试验的证实;另一方面,中草药、中成药还可能包括铅、汞、砷等重金属在内的有害毒素。2013

年中国之声《央广新闻》报道，继英国药品管理局日前发布警告提醒中药毒性风险后，据境外媒体报道，英国药管局表示，计划从明年初起全面禁止中成药在英国的销售。更糟糕的是，连最基本的中医理论也不懂的人也在大量运用中草药和中成药，这简直是明目张胆地在光天化日之下谋财害命。

除上述危险之外，药物还可能对生命体造成间接的危害。正如梅尔文·克纳尔在《十字路口上的医学》中所述："比药物副作用和长期服药带来的抗药性更严重的是，人们对这些'魔弹'的迷信间接造成了这样的后果：人们忽略了所有适合细菌生长的条件，也忽略了所有削弱身体抵抗力的条件。"2004年美国《福布斯》杂志号召："让美国人开始停止吃药"，并提出："成百万的人每天在为一些小毛病吞下一大堆处方药，而其实简单的生活方式和饮食上的改变……更有效，而且更省钱。对药物的依赖是可怕的，甚至具有毁灭性：药物的成本越来越高，增加了几十亿美元；上百万人有时候在忍受毒性极高的副作用；每年约将近两百万起药物并发症，造成了18万患者死亡或患上了致命的疾病。"

据报道，2000~2003年，在美国被一种名为C.diff的细菌感染的人数翻了一倍，类似的感染还在英国、加拿大和荷兰等国爆发。《美国医学协会杂志》曾于2005年刊登的一篇报告中介绍，服用奥美拉唑和兰索拉唑这两种治疗胃溃疡的常用药，反而让人更容易感染上C.diff病菌。显然，这些治疗胃溃疡的药物在体内为这种邪恶的病菌创造了一个易于生存的肠道环境。

但是，我们的医生和病人都很难意识到这些问题。正如美国研究毒素的专家葆拉·贝利提出："在治疗过程中，医生从来没想过病人的问题有可能就是使用药物引起的"；"医生们受到的教育让他们相信化学品（也就是药物）能解决问题，而不会产生问题。"

（三）药物和常规心理治疗技术治疗心灵痛苦的作用有限

目前常规的精神病学和心理学治疗模式是"对抗"症状，即针对症状采取相应的治疗措施，其治疗的目的在于缓解或消除精神症状/心理痛苦，而精神症状/心理痛苦背后的意义往往被忽略。

存在主义心理学家认为，症状是现象学的，某种情绪或行为在他人看来无论多么的荒谬，对当事人都是有意义的，只有把症状和当事人的整体建立动态的联系，才能考查其意义。临床的实践也表明，精神症状／心理痛苦更多的时候是一种警示，如果治疗仅仅停留在症状的层面上，就好像炸弹被拆除了引线，而炸弹依然被埋在原处。例如，一名抑郁障碍来访者可能会表现出情绪低落、兴趣下降、反应迟钝、活动减少，在这些表象背后深层次的意义可能是来访者整个生命的无意义感和无价值感，它们提示患者的心灵已停止成长，内心开始死亡。

边维尔早在1771年就已认识到药物／物理疗法治疗心灵痛苦的作用有限，他在《论女子淫狂》中写道：有时"仅靠治疗幻想"就能治愈这种病，"但仅靠物理疗法则不可能或几乎不可能有明显的疗效"。此后，博歇恩进一步明确地提出："仅用物理手段来医治疯癫是徒劳无效的……若不借助于某种方法使虚弱的病人在精神上强健起来，单靠物理疗法绝不会获得完全的成功。"C.A.Ross在1989年更是尖锐地批评道："为数众多陷入绝境的患者多年来一直接受无效的药物治疗，不断遭受二次创伤。"

有精神卫生／心理科治疗经验的人都会同意，现有的精神障碍的治疗方法是姑息的或不彻底的治疗，不是根本意义上的治愈。虽然有传统生物医学和心理社会的治疗方法，但大多数精神障碍患者一生中仍然有不同程度的复发或慢性的精神障碍。尽管精神药物和心理社会治疗措施对于暂时缓解精神障碍的某些症状许多时候是有效的，但这些治疗药物和技术却没有明显提高对生活幸福、满意的人群之比例。

前一章已经论述了潜意识与疾病关系非常密切，换句话说就是，许多疾病扎根于心灵深处，是无意识的。用存在主义哲学和心理学的术语说，我们的疾病和痛苦在于"死亡"、"自由与责任"、"孤独"、"无意义"等"存在性"问题。因此，尽管精神科药物在疾病的急性期及重性患者中经常显示出不可思议的疗效，但事实也证明，药物可能会封闭一些微妙的感觉，导致病人／来访者无法识别自己心灵深处的痛苦和需要。正如威尔·鲍温在《不抱怨的世界》中尖锐地指出："痛苦和不满是我们心灵旅程的自然组成部分，否定它们就是否定成长。可是，医药产业却借人生中极为正常的苦恼和不满牟利，研制出一大堆抗抑郁、抗焦虑的药物来设法麻痹我们，使我们感觉不到苦恼和不满。"

常规心理治疗技术所处的状况也是如此，例如，精神分析的影响力正在江河日下。它曾经主导了精神病学达 30 多年，现在却如日暮西沉，因为它的疗法从未经过充分证明。当今最通用的心理疗法是认知行为治疗，它成绩斐然，很多研究都显示出它对于多种症状，例如抑郁、焦虑和强迫都有疗效。病人通过学习控制思想和系统地检查自己的主观假设和信念，其情况确实比没有这样做的人更好。可是，很多接受这种疗法的来访者觉得，只是改变自己的思想和行为，实在无法整合生命的完整层面，最重要的是没法满足自己灵性方面的需求。正如科克·施奈德和奥拉·克鲁格在《存在-人本主义治疗》中所说："上述两种情况（行为主义治疗和精神分析治疗），都无法彰显人类璀璨与神秘的完整性，也无法展示它自由却脆弱的现实性。"

二、安慰剂在治病中的作用

《英国医学杂志》2004 年刊登的一项研究结果显示，耶路撒冷有 3/5 的医生出于好奇心，会让病人依例服用安慰剂，以观察它们的有效性。在接受调查的医生和护士中，竟有 94% 的人说，从哮喘到心绞痛和眩晕，糖制药丸对缓解症状都有疗效。下面就安慰剂在治病中的作用作一介绍。

（一）安慰剂的作用是许多医疗技术和药物治疗有效的原因

我们经常会听到一些医疗上的奇迹，某某医生的技术真是高明，服了他开的药之后，我的癌细胞消失了；这种治疗仪器真是管用，把我长达 10 年的睡眠障碍治好了……类似的传闻不断地在人们之间相传。真的是医疗技术和药物起的作用吗？其实不尽然。因为效果可能与药物或治疗技术本身无关，而是安慰剂在起作用。换句话说就是，"心"可能是许多医疗技术和药物的作用机制。手外科医生保罗·班德在其著作《疼痛：不受欢迎的礼物》里记述的真实故事就能很好地说明这一点：

> 我们在印度的复健主治医师玛丽·维吉斯，十分想追上最新的现代科技。有一天，我们争论投资购买超音波仪器是否明智。我从没使用过超音波。超音波在医学文献及广告中，被吹捧为突破性的治疗技术，可减少伤疤及舒缓关节疼痛。维吉斯要我立即订购这种仪器，我犹豫存疑。
>
> 最后维吉斯赢了这场辩论，很快地，这部全印度第一架超音波仪器，

便从她的部门传出嗡嗡运转声，带来很大的振奋。也许为了安抚我，维吉斯同意测试100个手指关节硬化的病人。所有病人都接受相同的治疗及按摩，但其中只有一半暴露于超音波仪器前，记下他们初期的活动幅度，便于以后我们客观比较结果。整个测验过程中，维吉斯的物理治疗师坚持两组病人都受到相同的关注和鼓励。

评估日终于来临，评估结果迫使我吞下对仪器的存疑。病例清楚显示超音波治疗正如广告所述，在各方面都产生作用，病情的缓解不容否认。

数周后，售卖超音波器材的公司代表来察看机器是否运作正常。他很高兴地听着我们的报告，并商讨把我们的发现与其他医院分享。他打开仪器开关，机器立刻嗡嗡作响，接着，他把一杯水放在超音波磁头下，水面却平静不动，一个迷惘的表情浮现在他脸上。于是，他打开仪器后部，探头其中，然后大叫："嘿，这部机器根本就没动过嘛！我们运送机器时，怕有损坏，所以没把超音波的磁头接通。现在它仍然没接上。"

维吉斯很快便明白了其中的含意，她很怅惘，最后说："那么是什么使它嗡嗡作响呢？"

"哦，那只是冷却风扇而已。"那个技术员说，"相信我，你们从来没用过超音波。"

然后，保罗·班德用下面这句话总结了这个故事："我们的奇迹医治，再一次为安慰剂的疗效做了昂贵的示范。因着治疗师对新器材的激动，透露出热诚和希望，病人身体把这部分热诚与激动转化成实质的病情进展。"

寂相法师在《不昧之心》中谈了一例"安慰剂使肿瘤消失"的案例：

我的一个朋友是外科医生，一次，他给病人做肿瘤切除手术，手术一开始，就发现肿瘤病变已扩散，只好再重新缝合。他给病人解释了实际情况，那位病人是从农村来的，听不懂艰涩的医学术语，坚持并认定已经做过手术，病就好了，强烈要求出院，朋友无奈之下，只好同意。一年后病人回访，让人想不到的是，他的病竟然真的好了，所有指标都显示癌细胞消失了。病由心生，亦由心灭，心的力量强大得让人觉得不可思议，而积极向上的心理能够促进健康甚至改变一个人的命运。朋友为之深深震撼，他原来是外科医学博士，后来直接读心理学博士去了。

下面再举托马斯在《最稚龄的科学：一名伟大医师的观察手记》中的内容来说明"心"在疾病治疗中的价值：

> 罹患最糟糕病症的患者总会复原，起码一部分病人会；也有极少数的病症，如狂犬病，会让患者无一幸存。但大多数的疾病都是让某些患者残废，另一些患者却逃过一劫，如果你是少数的幸运儿，也刚好有一位稳健、有知识的医生，你就会认为是医生救了你。以前我父亲开车载我时，常对我说，如果成为医生，千万别信这种事。
>
> 不过，虽然他这么怀疑，他到哪儿还是带着他的处方笺，并替所有的病人开出大量的处方，这些神奇药方都包含了五六种蔬菜成分，每种都需要由药剂师小心衡量测重，药剂师会捣碎药粉、融入酒精、装瓶、附上卷标，卷标只写上病人的名字、日期和剂量指示。药物的内容则是一个谜团，为了保持神秘，处方总是以拉丁文书写。这种疗法的作用是为了保险……因为，这些药物是安慰剂，也是医学长久以来（好几千年）的主要支柱和唯一科技，也因此有着宗教仪式般的咒语魔力。我父亲不太相信这种药物的治疗效力，但他每日行医时还是会用。他的病人期待这些药物，不提供这些药物的医生很快就没有了生意。以他所见，这些药无伤，甚至在疾病对病人产生影响时，这些药还能让病人有点事可做。

（二）安慰剂具有强大的治疗效果

"安慰剂"通常与某种新药的双盲临床试验联系在一起。通常，在研究结束时，我们就会听说这种药是否能在缓解疾病症状方面超过安慰剂的效果。其实，我们的临床医生经常在治疗疾病过程中自觉或不自觉地运用安慰剂效果，有效的暗示治疗就是一种安慰剂，它能与我们的神经－内分泌－免疫系统相互产生作用，创造出有治疗效果的协同作用。

1959年的《新英格兰医学杂志》刊登了一项开拓性研究成果，记录了假手术所产生的安慰剂效果有多么管用。患心绞痛的心脏病病人接受了假手术后，出现的状况改善竟然和那些真正经历手术的病人一样。梅尔文·克纳尔在《十字路口上的医学》中吃惊地说道："他们疼痛减少，吃硝化甘油药片来控制心绞痛的量也减少了，恢复了正常行动，甚至心电图的记录也改善了。所有这些改善的程度，都和那些接受了完整手术的病人一样。"

哈佛医学院的杰瑞·阿沃恩教授在《强效药物》中提出："安慰剂能够和合成药物一样有效，而且副作用少得多。"他说道："英国的《柳叶刀》杂志在1978年刊登了一篇重要论文，将曾经被认为是故弄玄虚的安慰剂效果，放进了神经药理学的硬科学领域加以研究。这项研究开始用的是典型疼痛试验：志愿者服下无效安慰剂，正如所预期的那样，很多人报告说该药减轻了疼痛。但当这些受试者服用麻醉阻断剂纳洛酮时，安慰剂的疗效也同样被阻断了。这说明安慰剂的效果部分源自个人在大脑中分泌自造麻醉剂的能力。"

哈佛医学院的赫伯特·本森教授更是在其《永恒的治疗》中尖锐地指出："在很大程度上，医学的历史就是安慰剂发挥作用的历史。"美国加州大学洛杉矶分校的安德鲁·路希特对此深有同感，在完成了一项为期9周、包括51名病人的研究之后提出："我们现在知道，安慰剂的确是一种积极的治疗手段。"

意大利都灵大学医学院的研究人员通过对帕金森病患者的大脑进行详细扫描，结果发现，病人接受安慰剂（其形式是盐水）后，和使用缓解症状的药物时一样，出现了同样的反应，缓解程度也一模一样。他们进一步发现，安慰剂起效后，会导致多巴胺释放。而帕金森病人的震颤和肌肉僵硬正是缺乏多巴胺导致的。

三、小结与启示

《青囊秘录》中写道："善医者先医其心，而后医其身，其次则医其未病。"邱鸿钟教授也提出："人类医学的本质特征当然是人与人之间，通过语言对话及其语言对实践的指导和控制而实现的一种互助，而不是人对另一个生物的简单修理。"

上文的诸多研究结果表明，就疾病的治疗而言，单纯的生物学治疗是片面的，具讽刺意味的是，许多表面看起来有效的治疗是通过"心"起作用，与药物本身并没有关系;"安慰剂效应"如此强大,很好地佐证了情感和思维如何实质地影响了精神抚慰和身体治愈的过程。这提示我们:治病需要调"心"。正如台湾医生许添盛针对高血压所提出的:"血压高本身并非疾病,只是一种生理症状。降血压药可以快速降低你的血压,但无法令血压不再上升。因此,以降血压药对抗高血压是场永无止境的攻防战。调整自己的期望以及对人、事、物较具弹性的态度,也可以帮助降低血压。就心理因素而言,降低个人内在不断驱使血压上升的压力情境,才能帮助解决高血压的问题。"

因此,在治疗疾病的过程中,我们不可一味地躲在手术、药物、检验报告和医学术语的背后,而是要把病人看成"有其独特的想法和恐惧、价值观、关心取向、说得出和说不出的问题"的一个"人"、一个生命体。

调"心"可以治病

效果取决于思维。

——杰瑞·阿沃恩

上帝治病,医生收钱。

——西方谚语

在传统二元对立心身观和唯物主义"物质第一性"等的影响下,我们对"身"影响"心"比较重视,而对"心"影响"身"往往是忽略的。正如赫伯特·本森教授在1997年很惋惜地说道:"医生根本不明白安慰剂的作用,还把安慰剂看成科学的异端或违背科学原理的东西。"

随着医疗证据的日益增多,这种状况正在逆转,"调'心'可以治病"的观点已被越来越多的人接受。如梅尔文·克纳尔在《十字路口上的医学》中提出:"几百项试验说明,精神因素(思维里的东西)能影响身体,包括免疫系统,能调动分子和细胞去抵抗疾病。"下面再举几个例子来说明。

威克森林大学的研究小组发现,积极的思维能够和吗啡起到同样的止痛效果。研究者通过对10位志愿者使用功能磁共振成像,发现如果志愿者降低自己对疼痛的预期，仅仅把注意力放在这样一种信仰上——疼痛并不像通常体验时感觉那么糟糕，对处理疼痛非常重要的大脑区域就会减少活动。研究小组因而提出："对付疼痛不仅仅需要药丸。"

威斯康星大学麦迪逊分校的研究人员用实验证明了：积极思想能加强免疫系统，而消极思想能使你患病。他们研究了52名年龄从57岁到60岁之间的病人，在他们回忆过去令自己开心、悲伤、恐惧或气愤的事情时，测量他们的大脑活动。之后，每个志愿者注射一支流感疫苗。在接下来6个月里，每个志愿者接受测试，观察疫苗所产生的抗体水平。那些早先大脑右前额叶皮层（悲观者的区域活动更频繁）活动最强烈的人，对流感注射的免疫反应最差。那些对注射反应最健康的，则是左前额叶皮层大脑反应最强烈的人，因为这一区域和乐观性有关。

斯坦福大学的心理医学专家西格尔（David Siegel）做了一项结果惊人的研究，他调查了两组罹患恶性肿瘤转移的妇女。第一组得到标准的医学照顾；第二组也得到标准的医学照顾，但同时还得接受心理治疗。结果第二组较少有焦虑、沮丧、痛苦的问题。这没什么了不起，西格尔还发现，接受心理治疗的人比对照组的人多活了一倍的时间！

第四章 禅是调"心"疗愈之学

山中之贼倒易治,心内之贼却难防。

——王阳明

竞利奔名何足夸,清闲独许野僧家;心田不长无明草,觉苑常开智慧花。

——石屋清珙禅师

一提到"禅",许多人会马上联想到"宗教"、"神秘主义"。其实,禅绝不是神秘主义,它就像日光,普通而清明。而且,与其他许多佛教派别排斥现实生活不同,禅学尤其是禅宗肯定现实生活的合理性,认为人们的日常活动是人的自然本性的表露,要在平常的感性生活中去发现清净本性,体验禅境,实现精神超越,具有最接近世俗生活的优点,具有十分明显的实用价值。简单地说,禅是调"心"疗愈之学。下面将从禅解决的是"人"的"存在性"问题、调"心"是禅的核心内容、禅的调"心"疗愈思想等方面展开论述。

禅解决的是"人"的"存在性"问题

人生最终的目的在于觉醒和思考的能力,而不只在于生存。

——亚里士多德

如果灵魂不在了,没有什么能把人从愚蠢中拯救出来。

——荣格

禅的梵文是 Dhyāna,中译为"禅那",简称为"禅"。"禅",鸠摩罗什译作"思维修",是一种运用思维活动的修持方法;唐玄奘译为"静虑",相当于英文中的 Meditation，"静"指身体状态的坚持，"虑"指心理过程的递进，表明了"禅"从身体到心理对人的影响作用。

随着佛学知识在中国的传播，并与中国传统文化结合，产生了禅宗一派，禅的知识开始在中华大地开花。综观禅宗典籍可发现，他们所谓的"禅"，指的是"悟"、"开悟"的获得过程，"如人饮水，冷暖自知"，"不可言说"，是偏重于实践的体系，它的目标是要求我们获取内心的自由，从而免于疯狂或残废。换句话说就是，禅宗里的"禅"是一种看入自己生命本性的艺术——悟，是从枷锁到自由的一种方式。

随着禅学的发展和研究的深入，"禅"的含义也变得相对具体。例如，净慧法师认为，禅"是生命的自在解脱"，有三个层面：

（1）从信仰和修行的角度说，"禅是生命的自在"。

（2）从生活的角度说，"禅是一种潇洒"。

（3）从文化层面来说，"禅是思想的空灵"。

台湾禅学研究专家王溢嘉把禅概括为：一种思考洗礼，一种认知法门，一种自我了解，一种心灵解放，一种特立独行，一种对立超越，一种心理治疗，一种人间修行，一种自然回归，一种生活智慧。

有学者在十六处西方禅修中心做"你认为禅是什么"的问卷调查时发现，在西方人眼中，禅的大体含义是：心灵的状态，发现自我，对心的训练，生活经验，心的觉悟，某种存在。

如果把上述各种说法进行整合，就可以用下面 4 点来理解"禅"：

（1）禅的基本思想是与个体的内心活动进行最直接、最亲密的接触。也就是说，禅所要把握的，就是那个活生生的、生命的中心事实。

（2）禅是一种知觉或感觉，而不是抽象或冥想。

（3）禅是一种生活，离开了生活便没有禅。

（4）禅是趋向心灵的觉悟，但这里所谓的"觉悟"，不是脱离世间的死寂或对欲望的灭绝，而是获得一种在生活中观察事物的新见解。

因此，如果从存在主义哲学和心理学角度看，禅解决的是"人"的"存在性"问题。

调"心"是禅的核心内容

我心热如火,眼冷似灰。

——日本禅师释宗寅

一行三昧者,于一切处行住坐卧,常行一直心是也。

——《六祖坛经》

一、从悉达多的悟道过程看禅与调"心"

悉达多曾过着锦衣玉食的生活,常人该有的他都有,许多常人没有的他也拥有,可是他并不快乐。一天,他说服了为他驾车的车匿带他去宫殿外看看,在回迦毗罗卫城时,悉达多注意到一个头发花白的老人,"那是什么?"他问车匿。"那是衰老,"他得到了这样的回答,"美貌的杀手、活力的废墟、忧愁的源头、快感的坟墓……""快,我们回去吧!"悉达多说。然而,种子已经种下了。"对衰老的恐惧占据了我的心,我又怎能享受宫殿中的生活呢?"他这样悲叹道。

在之后的一次外出时,悉达多看见了一个病人。另一次,他遇见了一具尸体。每一次偶遇都加深了悉达多的沮丧:"这个世界正经受着怎样的苦难啊!人们出生、衰老、死去,又再次出生,但他们却无法找到摆脱苦难的方法。"

自此,悉达多为了寻找生命的意义,开始走上了出家之路。就在他准备离开宫殿之时,他和魔王摩罗发生了第一次冲突。在悉达多的一生中,每逢关键时刻,摩罗都会现身考验他。摩罗是诱惑的代言人,来自悉达多蒙昧的迷心,怂恿他依循熟悉的道路,阻挠他开创一条艰难的却是通向解脱的道路。摩罗向他保证说,如果他能不再提起摒弃世俗生活的想法,并回到宫殿中,七天内就会成为统一天下的君王。悉达多毫不客气地拒绝了。"你大错特错了。"摩罗反唇相讥,"从现在起我将如影随形般紧紧跟随你。你将永远无法摆脱我。"

此后，悉达多走上了寻找解脱的路上，就在他伟大觉醒的前夜，魔王摩罗试图再次干扰悉达多实现目标。摩罗掀起旋风，使长予和弓箭齐射，但悉达多却不为所动。这激怒了摩罗，他派出了一队魔军，但他们也被击退。"欲望、不满、懒惰、恐惧、犹豫不决、指责他人，这些组成了你的魔军。"悉达多说，"懒惰而懦弱的人无法制服他们，但我将以智慧击溃他们。"

摩罗使出最后一招。"起来吧，悉达多，"他的声音隆隆作响，"那个位置是属于我的。"

"不，摩罗，"悉达多回答说，"这一位置为一切未来诸佛所有，他们将在此实现觉悟。""这里属于那些志在将一切众生从妄想的罗网中解放出来的人，"悉达多继续说，"尝试去杀害一个为把人类从习惯的奴役中解脱出来而竭尽全力的人，这对你毫无益处。"

"但是又有谁会见证你的努力呢？"摩罗冷笑道。悉达多弯腰轻触地面。大地如雷鸣般震动，以示支持。摩罗泄气地退下了。

悉达多将内心的魔王制服后，进入了深层的禅定。接着领悟并提出了"苦"、"无我"、"无常"三法印。

悉达多是禅的创始人佛陀在未出家之前的名字。对悉达多悟道过程有诸多种解释，富含神话意味。我们认为，从存在主义哲学和心理治疗学的四大主题"死亡"、"自由"、"孤独"、"意义"角度分析，未悟道之前的悉达多至少存在着"死亡恐惧"、"意义感缺失"，而且还可能存在"存在主义"意义上作为"人"的"不自由"和"孤独"。换句话说，当时的悉达多存在着神经症人格，或者说存在着意识和潜意识的诸多冲突。悉达多与摩罗（可以理解为内心另一个"我"或亚人格或阴影）的斗争过程，其实就是他解决自己的心理冲突的过程，人格获得整合的过程。换句话说，悉达多的悟道过程就是调"心"的过程。

二、从参"话头"与"公案"过程看禅与调"心"

禅学中的参"话头"就是以追问自己一个问题作为修行的一种方法。"话"是语言，"头"是源头。话头是一个短语、一个句子或一个问题，你要以它来修行，你要探索这个话之前或背后是什么，直到其根源。也就是说，当我们应用话头修行，就是尝试找出在还未用到话或文字，或符号的描述之前，"那是什么"。然后，随着修习的进展，你会产生疑情，在这种情况下，你就不会意识到你的身体、世界或一切，只有一样东西存在，即是问题，再然后，你可能就开悟了。

参"公案"的过程与此类似，所不同的是，一个公案基本上是一个完整的事件。例如，"南泉斩猫"的故事就是"公案"。有两组僧人争论着哪一组应拥有那只猫。当南泉回到丛林时目睹此争论，他抓起猫来，说："给我一句话，说对了，你们可以救这只猫。"没有人敢说任何话，南泉于是把猫斩成两段。过了不久，一造诣高深的弟子赵州从谂回来，当他听到这个故事，他把鞋子顶在头上走出去。南泉说："如果你早些时候在的话，那只猫便不必死了。"以这个公案修行，即是问：这个故事的全部过程是什么？

有时候，一个人参"话头"与"公案"很努力，但他仍然不能出现任何新的境界，这时师父可能会给他一句有力的、直接的、甚至不近人情的话（称为打"机锋"）。例如，有人感到口很渴，你给他一杯水，但正当他准备拿起那杯水来喝时，你把那个杯子拿走，并摔到地上去，然后问他："你还要喝水吗？"

总之，"话头"与"公案"中的话从表面看来似乎跟看"天书"一般，忽上忽下，忽东忽西，上不接天，下不着地，让人"丈二和尚摸不着头脑"。如"听只掌之声"、"把你的心拿来"、"来的是什么东西"、"什么是父母生你之前的本来面目"之类。但是，在这些话背后往往隐藏着深刻的含义或智慧。对这些话是不能用理性和原来的认知可以解释的。如果用逻辑理性作解释，就只会落入虚妄之门，把禅庸俗化，变成口头禅。

从心理治疗的角度看，参"话头"与"公案"的过程具有"截断"大脑"自动思维"、"自动反应"的作用，进而可打破心理"防御"，让我们摘下"面具"，呈现出自然的、本真的"我"。可以说，参"话头"与"公案"的过程是一种潜意识探险过程，是深层次的调"心"。

三、从下"转语"看禅与调"心"

"转语"是那些回转一个人观念和态度的语句，是禅师在育人过程中帮助学人开悟的话。例如：

有一次，百丈禅师在开示时，一个白发白须的老人在听众之中坐着。在开示结束时，老人走近百丈禅师，说："五百世前，我已经是修行人，但那个时候我告诉人，禅行者不落因果，直到现在我竟是一世又一世地转世为狐。请你给我一个转语，好让我脱离狐身。"百丈说："听好，与其说不落因果，你应该说不昧因果。"听到这句话以后，老人非常高兴，顶礼三拜后便离开了。第二天，百丈与他的弟子在后山捡起一具狐尸，并为它举行了僧人的葬礼。

尽管这则故事可能不是真实的历史事件，但它阐明了如何以几句话转变根深蒂固的执念，并带来利益。这多么像心理咨询过程中咨询师与来访者之间的谈话方式。下面再举一例：

觅心与安心

神光问："我的心不安宁，请师父为我安心。"

达摩禅师说："你把不安的心找出来，我就帮你安心。"

神光说："我找不到心。"

达摩禅师说："我帮你把心安好了！"

神光当下大悟。

达摩是禅宗初祖，神光是禅宗二祖。对于神光提出的"安心"问题，达摩并没有叫神光从持戒、修定着手，再广读般若、唯识，只是简单地说了一句："把心找出来。"在神光观察自心，发现妄念飘忽，像水中月一样不可把捉，真正的心是拿不出来的时候，达摩再下一转语："我帮你把心安好了！"这是多么高明的调"心"办法啊！

四、从禅定的修习看禅与调"心"

禅定（meditation），也称沉思、静坐、打坐、冥想等，是印度对于自修方式的一种描述用语，最早来源于印度教、婆罗门教、佛教及印度其他教派，至今印度及世界上流行的瑜伽术仍然以"禅定"作为自修的专门称谓。

不同的视角对禅定有不同的描述。例如，在宗教传统中，禅定是指一种达到对终极真理领悟的实践方法；在现代用法中，禅定是指一种自我体验、自我觉知的精神集中行为；在心理生理学的视角，禅定是指有意识地对注意的自我控制。

禅定的修习主要包括调身、调息、调心三要素。调身指禅定修习过程中身体方面的准备，如准备坐姿、行走、站立等；调息指调理呼吸，使气息和顺舒畅，让心境平静安稳。在此基础上，进入禅定修习的核心——调"心"上，从事各种观想，如"观想身外的事物"、"观想地、水、火、风的功德"、"观想身体的某一部位"……在禅定修习的过程中，我们需要像观看大海中的波浪一样处理头脑中的杂念。正如《童蒙止观》中所说："行者初坐禅时，心粗乱故，应当修止，以破除之；止若不破，即应修观。"也就是说，如果在静坐入定过程中出现种种杂念时，首先应随心念所起而制止之，若此法不能破除杂念，就应当采取推理分析的方法返观勘破，以排除杂念。

因此，从禅定修习的角度看，禅就是调"心"。正如牛头法融禅师所作的"答'用心时'偈"所言：

恰恰用心时，恰恰无心用。
曲谭名相劳，直说无繁重。
无心恰恰用，用心恰恰无。
今说无心处，不与有心殊。

五、小结与启示

尽管上文叙述简略，但足以让我们理解禅与调"心"的关系。正如释继程禅师在《心的锻炼：禅修的观念与方法》一书的前言中所写：

问禅者："禅为何物？"
"直透生死大事！"
禅是调心、修心、炼心的方法。

为何要调心、修心、炼心？

世俗的心，未调的心，散漫、散乱。

在禅家看来，人内在心灵的不安与痛苦的根源在于人生短暂与宇宙永恒之间的矛盾；人生的价值并不在于肉体上的享受，而在于培养"正见"，消除"邪见"，领悟宇宙真谛，进入一种至高无上的理想境界。

为了达到这一理想境界，历代禅师通过各种内向性"调心"（炼心）的方法，以其穷身心世界之奥秘，如实认识自己，开发本性潜能，迸发出超越性的般若智慧，解脱以生死为中心的一切束缚，根本解决人本性中绝对自由之追求与客观现实的矛盾，达到常乐我净的涅槃境界。

可以说，禅就是如何调"心"之学。

禅的调"心"疗愈思想

应观法界性，一切唯心造

——《华严经》

快乐只不过是一场幻梦，但痛苦却是真正实在的。

——伏尔泰

一、禅说痛苦与解脱

禅师生活平淡，但相对健康，寿命普遍较长，为什么呢？这与其独特的生命痛苦观与解脱方法有关。具体地说，禅家维护健康、止息痛苦的根本方法是对四圣谛的了悟、对八正道的践行。四圣谛包括"苦谛"（人生本苦）、"集谛"（痛苦的成因）、"灭谛"（痛苦的止息）和"道谛"（道的真理）。八正道包括正见、正思维、正语、正业、正命、正精进、正念、正定。

（一）禅说痛苦及其原因

人出生之后，就注定了有"苦"，正所谓"吾有大患，唯吾有身"。换句话说，身体不只是会受苦，"有身体本来就是苦"。故佛陀提出："生是苦、老是苦、死是苦、求不得是苦。"

从存在主义哲学和心理学角度看，这些苦是众所周知的"苦"，无可避免。我们的躯体（又称色身、肉身），如果没有获得充足的饮食、睡眠、运动与保养，连基本生命可能都难以维持。我们花费五花八门的保养措施在它身上，如营养品、洗发水、护肤液、药品等。可是，尽管我们耗费大量的精力、时间与金钱，却仍然只能维持躯体的基本运作，始终避免不了生、老、病、死的过程。世界上的大部分人都努力使自己更年轻，却没有一个人获得成功。很多人耗费大量光阴，只是想让身体获得多点舒适与满足，如此浪费生命，岂不苦上加苦。正如叔本华所说："愚人在生活中追求快乐，到头来却发现自己受骗了。"

不仅躯体受苦，心灵也同样在受苦。有人统计过，一般人每天有一万多次的念头出现。如果我们稍加留意，就会发现心灵像猴子一样任性，从不乖乖地听话，经常是满脑子的自寻烦恼。即使是善念，也会因一个接一个地穿梭不停而让人不安。

对于苦的原因（集谛），佛陀曾说，人生一切苦恼来源于贪、嗔、痴三毒。贪指"贪欲"，为三毒之首。我们有两种根本贪欲：生存的欲望和感官享受的欲望，其他贪爱均由此派生。我们为了生存而不停地奋斗挣扎，却没有一个能逃脱死神的魔掌；我们为了感官的享受而不停地奋斗挣扎，但这种享受只是昙花一现。嗔是一种负性情绪，对人的影响在第二章已有大量的论述。在追求贪欲以及任由负性情绪肆虐的过程中，我们用酒精、烟草、毒品、有毒食物、违背作息规律来自我毁灭，这就是痴。

可以看出，在禅家眼中，人生的本质是"无常"的，如梦似幻的，无论我们有多么美好的幻想，它们终究会消失的。这种存在主义人生困境困扰着所有人，无一幸免。故《金刚经》提出："一切有为法，如梦幻泡影。如露亦如电，应作如是观。"如果我们能够清楚地了解，贪欲是永远无法满足的，摆脱人生的困境，便露出了第一道曙光。

接着，佛陀又提出了灭谛（痛苦的止息），他指出，只要我们用心观照，便会发现除了自心之外，别无他物。换句话说，我们的痛苦并非真实存在。我们平常之所以苦上加苦，除认识不到"苦"和"苦因"外，还在于我们使用了错误的方法，即向"心"外寻找解答，比如保健品、安逸的生活等。假如我们如实地了悟"人生本苦"、"无我"、"无常"三法印，学会"观照自心"，自然会得到苦的止息。

总之，禅家所说的痛苦及其原因在于"心"。故《华严经》提出："心如工画师，能画诸世间，五蕴悉从生，无法而不造。"永明延寿禅师在《万善同归集》中说得更具体："心能作佛，心作众生，心作天堂，心作地狱，心异则千差竞起，心平则法界坦然，心凡则三毒萦缠，心圣则六道自在，心空则一道清净，心有则万境纵横。如谷应声语，高而响大，似镜鉴像形，曲而影邪，以万行由心，一切在我。"

（二）禅说痛苦的解脱

痛苦的解脱，即是四圣谛中的道谛（道的真理），亦即八正道。

"正见"是八正道中最根本的一道，意味着能够清楚地认识到我们的问题在于受苦、不知足、焦虑与空虚感。当我们觉得空虚时，会不断地想去寻求刺激，如通过找人聊天、聚众喝酒玩乐、赌博等来填补空虚。但是，从长远的角度看，这无异于饮鸩止渴，只会导致越来越空虚，越来越感到无意义。

在这些认识的基础上，"正见"还意味着能认识到，想要解脱人生的痛苦，除了通过修道以外，别无他法。当然，相信自己有能力踏上修行之道以及对"业"的认识也属"正见"范畴。

其余七道都是在"正见"的基础上进行精进不懈的修行：

"正思维"，又称正志，即根据四谛的真理进行思维、分别；

"正语"，即正确的话语，指说话应该诚实可靠，不说谎。说话要符合佛陀的教导，不说妄语、绮语、恶口、两舌等违背佛陀教导的话；

"正业"，即正确的行为，指一切行为都要符合佛陀的教导，不作杀生、偷盗、邪淫等恶行；

"正命"，指过符合佛陀教导的正当生活；

"正精进"，又称正方便，指毫不懈怠地修行佛法，以达到涅槃的理想境地；

"正念"，除念念不忘四谛真理的意思之外，又专指"正念禅修"，即对当下所发生一切的全部觉察，不进行任何判断取舍，生活在此时此地；

"正定"，指专心致志地修习佛教禅定，于内心静观四谛真理，以进入清净无漏的境界。

可以看出，禅家所使用的解脱痛苦方法，尽管涉及行为，但以调"心"（即"正见"）为基础。

二、禅说健康与疾病

禅家认为生命体是由身、心、灵组成的整体，包括三个方面：一个是物质构成的躯体，也就是生理方面，禅家常称之为色身，或肉身，主要指五蕴中的色蕴；另一个是由人的意识、思维和情绪等组成的心理方面，包括五蕴中的受、想、行、识等蕴，属八识中的前六识，与现代心理学中的感受、意识、情绪、认知等类似；第三个是灵性部分，这个灵性并非指鬼神，它包括前世因缘、以前的业障、冲突的冤家等，是跨时间、空间的因果关系，一般人是难以觉察到的，只有修行到一定时间才有可能体察到，主要指八识中的第七识末那识，也可能涉及第八识阿赖耶识，这两识类似于弗洛伊德所说的"潜意识"和荣格所说的"个人无意识"。美国雷久南博士对禅的健康观进行了归纳，提出"身心灵整体健康观"，这与国内通行的"躯体健康"、"心理健康"、"社会适应良好"、"道德健康"组成的健康观非常符合。

在禅学中，心理与心灵往往合并称为"心"。因此，禅家常把病分为两种：一为身病，二为心病。正如《大智度论》所述："无量众生有三种身苦老病死，三种心苦贪嗔痴。复次有二种问讯法：若言是否少恼少患，称为问讯身；若言安乐否，称为问讯心。种种内外诸病名为身病；淫欲、瞋恚、嫉妒、悭贪、忧愁、怖畏等种种烦恼，九十八结、五百缠、种种欲愿等，名为心病。"

在禅家眼中，人人都是有"病"的，因为人人都是有欲望的，不会控制欲望，就形成了"心病"，而"心病"又是"身病"的原因，正所谓"应观法界性，一切唯心造"。用现代的语言来说就是，情绪恶劣、心理失衡、人格偏颇等，都会通过神经、内分泌、免疫等途径，造成机体功能障碍，出现各系统病变。故明代哲学家王阳明提出："莫将身病为心病，可是无关却有关。"

另外，对于"心病"和"身病"，禅家认为其间并没有多大的分割。因为，在禅学的心身关系中，"心"是占主导地位的，是人的本体，躯体则要为之所用。犹如电脑一样，躯体是主机，而"心"是软件。在西藏医学的古老经典《四部医典》中就宣称，"一切疾病都是自我执着的结果。"书中还说："疾病的一般原因，疾病的唯一原因，是未证无我空性。一只鸟即使在天空翱翔，也永远甩不掉它的影子（这时影子是看不见的）；未觉悟者即使陶然自乐，也永远免不了身心疾病"；"疾病的特别原因就是未觉悟而产生了贪嗔痴，就引起生气、胆汁和黏液的诸病。"

根据这些古老的医典，一切身心疾病的根源都可归结为"对'我'的执着"。换句话说就是，在禅学中，不管是健康还是疾病，都是"唯心造"的，最佳的药物是调"心"。正如《童蒙止观》所说："由心识上缘，故令四大不调；若安心在下，四大自然调适，众病除矣。"指出躯体疾病四大（地、水、火、风）不调的根源在"心"。这在《中阿含经》中论述更为详细、具体：

> 诸贤，说病苦者，此说何因？诸贤，病者，谓头痛、眼痛、耳痛、鼻痛、面痛、唇痛、齿痛、舌痛、颚痛、咽痛、风喘、咳嗽、喝吐、喉啤、癫痫、痈瘘、经溢、赤胆、壮热、枯槁、痔[病-丙+匿]、下利，若有如是比余种种病，从更乐触生，不离心，立在身中，是名为病。诸贤，病苦者，谓众生病时，身受苦受、遍受、觉、遍觉。心受苦受、遍受、觉、遍觉；身心受苦受、遍受、觉、遍觉，身热受、遍受、觉、遍觉，心热受、遍受、觉、遍觉，身心热受、遍受、觉、遍觉；身壮热烦恼忧戚受、遍受、觉、遍觉，心壮热烦恼忧戚受、遍受、觉、遍觉，身心壮热烦恼忧戚受、遍受、觉、遍觉。诸贤，说病苦者，因此故说。

下面从《大般涅槃经》中的医案来看一下"心"是如何导致躯体疾病，以及禅家又是如何通过调"心"治愈疾病的：

> 王舍城的阿阇世王，生性恶劣，喜欢杀戮，屡犯口业，贪嗔痴的心意十分炽烈。他只见到眼前，看不到未来，专门跟坏人结伴，狼狈为奸，因为贪恋现世的五乐，所以胆敢加害无辜的父王。
>
> 他害死父王之后，心生懊悔，才摘掉身上的各项璎珞，也无心娱乐消遣了。由于内心悔恨交加，他全身长恶疮。这些恶疮发出臭味，让人不敢接近。他暗自思忖："我的身体正在受到果报，看样子下地狱的日子不远

矣。"他的母亲韦提希夫人用各种药物替他医治,不料,反而使疮疤更加恶化,毫无治愈的征兆。

阿阇世向母亲吐露心声:"这种恶疮不是因为四大不协调所产生的身疾,而是来自生命底层的业病,恐怕众生都不能医治了。"大臣们听说国王身上长疮病倒,都纷纷来探访。佛经上说,有六位大臣来探病,并以各种方法来医治国王的心病。

只听月称大臣先问说:"大王为何脸上憔悴、没有笑容,是身痛还是心痛?"国王回答说:"我的身心都在痛,我听过智者透露,我犯五项逆罪要下地狱。恐怕没有医生能救我,因为我杀害无辜的父王。"月称说:"谁说犯了五逆罪会下地狱?谁说会有下地狱这回事呢?我师父富楼那说过,世上的恶业没有报应,善业也不会有报应,无所谓上业、下业这回事。不然去问我师父好了。"但是,阿阇世没有动身。

之后,藏德大臣说话,他是未伽黎拘舍利子的门生。"大王呵,你不必害怕。世上只有两种法,若依出家法而言,杀死蚊子、蚂蚁也有罪,但依王法来说,杀死父亲当国王绝不是罪。依照我师父的理念,人身分为地、水、火、风、苦、乐、寿命等七项,纵使这七项有变化,也造不出什么东西,更不能毁掉什么。因此,纵使用刀剑砍他,生命也不算被陷害。"藏德大臣竭力诱劝和安慰国王,阿阇世听了毫不动容。

第三位大臣是实德,拜珊阇耶毗罗胝子为师父。他安慰国王说:"我师父认为先王如果出家被杀害,当然犯罪,他若因为治理朝政被杀就没有罪业了。人在今世的祸福,不算这辈子的业,只是承受过去的业,父王只不过承受自己过去的业,现在既然无因,将来也没有果报。"阿阇世也无意去参访他的师父。

接着,悉知义大臣发言了,他的师父是阿耆多翅舍钦婆罗。"谁也不曾看过地狱或天堂,事实上只有人类与畜生两道而已。纵使杀人亦无罪,布施也不会有福乐,我师父常常这样说。"

迦罗鸠驮迦旃延的门徒吉德大臣开腔了:"是谁提到地狱的事情来诳骗大王的?根据家师的观点,天下苍生都是自在天造的。只有自在天高兴,众生才会平安,自在天嗔恚,众生才会苦恼。不论罪与福都是自在天造出来的，而人类有什么罪、福可言呢？"

最后，才轮到无所畏大臣说话："大王呵，世上哪有什么杀害的现象存在？虽说杀害等于害命，殊不知命是风气，因为风气之性是陷害不了的。家师尼乾陀若提子他说世界既无施予，也无善良，更无今世与后世，也无父母与德者，更无修道可言。所有的人经过八万劫，就能自行解脱。"

纵使六位臣子纷纷劝诱阿阇世，他也不曾去拜访他们的师父，在这种情况下，耆婆来到王宫问道："大王不能安眠吗？"阿阇世说："耆婆，我现在病情严重……所有良医、妙药、咒术和善巧方法都医不好，为什么呢？因为我的父王是一位法王，用善法治国，但无辜被杀害了。我像陆地上的鱼，有什么快乐可言呢？"

实际上，阿阇世的恶疮是因为心里悔恨交加，才使全身长疮，流出脓血。所以，阿阇世自己也很明白，他才向耆婆吐露肺腑的话，自己的病不可能靠医生、妙药、咒法或任何妙方医好。他也清楚恶疮的根源。

他自白说："我的父王是法王，用正法治理国政，完全无辜，却被我杀死。""我以前听智者说过，如果身、口、意三业不清净，一定会下地狱，我现在的情况正是如此。怎么也不能安眠，现在没有一位大医生的法药能够医好我的病痛了。"

听完国王述说，耆婆先开始赞叹："善哉！善哉！大王虽曾犯罪，幸好心有悔意，满怀惭愧。诸佛常说，有两法能够解救众生的苦恼，一法是惭，另一法是愧。惭是不要自造罪业，愧是不要叫别人犯罪。惭是自觉羞耻，好好反省，愧是将心事吐露给别人，感到愧疚。惭是在人前羞耻，愧是在神前感到难为情。"

"大王啊，请你听清楚，佛说智者有两种：一种是诸恶不作，另一种是即使不幸做了也会忏悔。大王虽然造了罪孽，幸好现在会忏悔，起了惭愧心，所以，罪业会消灭，而成为一位智者。若要掩饰罪业，它反而会增大起来，如果坦述出来又有惭愧心，那么，罪业才会消灭。"

之后，耆婆也竭力说明善心的根本，并说："大王啊，凡是不信因果，也毫无惭愧，或不信业报，不看现在与将来，不肯亲近善友者，都叫作'一阐提'。现在好极了，因为大王肯信因果，也相信业报。因为大王相信业因业果苦闷之余才会患有恶疮。眼前大王即使身心得病，也绝不是否定因果的'一阐提'。因为你没有听从外道的歪理，而相信业因业果。大王啊，你不必害怕，佛可以救你，也能医好你的病痛。"

阿阇世王听了耆婆的话，求于释尊，释尊特地为他进入月爱三昧，放出光明。这道光明清凉净洁，直接照在阿阇世王身上，他的恶疮痊愈了，苦恼也顿然消失。

如果从现代心理学精神分析的角度看，这个病案中阿阇世王的病根在"潜意识"中，相当于西方人所称的"罪感"，所以其他大臣所用的治疗办法（相当于一般心理疗法）无效。耆婆使用的"忏悔"方法，有些类似精神分析，能够直通心灵的深处，使阿阇世王能够整合自己内心的"阴影"，从而消除躯体症状。这是禅家通过调"心"治病的典型案例。

三、小结

禅学经典中喻："佛为医师，法为药方，僧为看护，众生如病人。"依于此义，禅学可以说是广义的医学，是治疗人生疾苦的良方。佛陀不仅是善疗众生身体疾病的大医王，更是擅于对治众生心理疾病的心理医师。一般医生治病靠药物，禅家医疾更多靠调"心"，法眼识药，慈悲医病，博爱兼济。禅学不但涵盖世间的医理，更重视内心杂念的根除。

一言以蔽之：禅就是一门充满活力而又独具智慧的调"心"疗愈之学。

第五章 禅在疗愈身心中的价值

无病第一利，知足第一富，善友第一厚，无为第一安。

——《太子瑞应本起经》

心随万境转，转处实能幽，

随流认得性，无喜复无忧。

——摩拏罗禅师

近年来，由于科学技术的长足进步，人类许多与自然环境、社会环境及生理和心理等方面有关系的问题得到了相当程度的解决。然而，出现在我们面前的问题似乎不仅没有减少，而且随着人类物质文明的进步不断增多。例如，不管科技如何发达，我们都无法完全控制身体的机能。又由于人类无法阻止身体机能的渐渐老化，所以肉体生命的最终死亡、消失也是无可避免的事。换句话说，随着文明的进步，我们理性方面的能力已随之进步，但我们的疾病、我们作为"人"的"存在性"痛苦似乎也在发展。

于是，世界各国的有识之士开始从东方智慧中寻找疗愈身心之道，并用科学的手段证明了禅在疗愈身心中的价值。不仅许多伟大的宗教家、哲学家、杰出的政治家、科学家、艺术家等，多少都得力于若干禅的功能，禅在维持身心健康和治疗疾病中的价值也得到了广泛的认可。下面将从坐禅和禅学智慧两方面介绍禅学方法在疗愈身心中的价值。

坐禅的疗愈身心价值

夫禅坐之法，若能善用心者，则四百四病自然除。

——天台智者大师

一、提供身心安全的保障

在日常生活中，人们对于自己身心了解的程度是非常有限的，一个人在心理活动方面，每天究竟有多少念头波动起伏，固然无暇审察，即使刚刚滑过的一两分钟之间，有过什么样的念头。主要的一两个或许尚有印象，许多微细的、一闪即逝的念头，就弄不清楚了。我们的情绪也是如此，我们恐惧的时候，只知道自己非常害怕，甚至出现濒死感，但到底躯体方面有哪些变化也是描述不清的。生理方面的变化同样如此，从理论和常识上看，细胞的新陈代谢，生灭不已，您是知道的，但从感觉经验上说，您是无法知道的。当然，我们也没有把这些问题弄清楚的必要。

但是，处在现代工商业社会中的人们，不论从事经商、技术、服务，还是从事文化类职业，往往非常忙碌，处处需要运用高度的智能和强韧的体能。如果没有敏锐的觉察力，我们就很难发现我们体内存在巨大的漏洞，大量的能量会从这些洞中无谓地漏掉。例如，各种负性情绪和妄念如强烈的欲望、愤恨、焦虑、抑郁等，可使人体的生理功能失去平衡；我们工作紧张，生活无规律，不断抽烟饮酒，可使人出现心慌、疲劳、记忆力下降、注意力难以集中等症状。

世界各大智慧传统都认为，我们通常的未经训练的知觉和意识是迟钝的、不完整的，因为它们被不稳定的注意所分割，被布满阴云的情绪所遮蔽，被各种欲望所扭曲。

如果我们学会了坐禅的方法并相对规律地进行禅修，我们就可以提高自我觉察的能力，减少那些杂乱及无益的妄念，使身心处于放松与冷静的状态。当需要用它来解决问题时，便能发挥它的最高效能。禅修者发现通过坐禅，内在的和外在的知觉都会变得更灵敏，色彩变得更明亮，内在的世界变得更丰富。早期视知觉敏感性的研究发现，三个月的强化正念训练可以显著提高个体的视觉敏感性。经过训练后，个体不仅可以觉察到持续时间更短的闪光，还可以分辨出间隔时间更短的闪光。这样，我们就可以增加在社会上生存的安全感，减少意外事故。

在躯体病症方面，身心的劳作或者由于某种外来因素的刺激，不论狂喜、暴怒等，均能使血管收缩、心跳加速、血压升高、呼吸急促，结果便可能形成脑溢血、失眠、心脏病、消化不良等病症。假如我们学会坐禅，就容易使你的全身各种器官保持相互配合、合作无间的功能状态，促使交感神经系统和副交感神经系统的协调一致。这样，我们就可以让躯体这部机器按照它自身的规律运行，减少患病的可能性。而且，通过坐禅获得的觉察力，能使我们及时察觉躯体方面出现的轻微不适，从而起到"既病防变"的作用。

二、促进健康和抗衰老

西方无数的心理学研究发现，经常从事禅修训练的人比一般人更快乐、更有满足感，也更健康和长寿。

例如，经常从事禅修的人，忧虑、抑郁和狂躁等消极情绪都会减少；记忆力增强，反应时间缩短，智力提高；具有更好和更有意义的人际关系。禅修训练可以降低高血压、糖尿病等慢性疾病的关键指标。还有证据表明，禅修可以有效降低慢性疼痛和癌症等严重疾病的影响，甚至有助于让人们摆脱对毒品和酗酒的依赖；禅修训练可以强化免疫系统功能，从而帮助修习者预防感冒、流感和其他疾病。

美国学者舒赫和阿克茨曾对10名曹洞宗的僧侣进行了相关的研究。结果发现：（1）坐禅过程中，呼吸每分钟减少2~4次，而不坐禅时又会恢复到原来状态；（2）呼吸换气量增大，肺活量扩大；（3）氧气消耗比一般人减少20%~30%；（4）体内能源消耗减少到原来的80%~85%；（5）呼吸频率是腹式呼吸的1/3；（6）呼吸商数值稳定，无大的变化。两位学者推测：坐禅使大脑能源消耗减少，自律神经系统功能活跃，皮肤筋骨有松弛感。此外，坐禅和催眠有很多相似之处，比如脑电波会徐徐缓波化，电流会高电压化，自律神经系统的兴奋状态被调节，紧张和压力被抑制，个体有松弛解放感，以及大脑处于某种休息状态等。

奥斯汀（Austin）对禅定的生理机制以及脑科学机制进行进一步地研究，他在《禅与大脑》（Zen and the Brain）一书中，详细地论述了禅定的基本生理机制。他的研究表明，在禅定修习的时候，人体生理会发生一些改变。如：出现放松反应（relaxation response），导致肌肉放松；基础新陈代谢降低；自主神经系统的调节，产生呼吸延缓、心跳变慢，血压降低，皮肤电阻反应（Galvanic skin response）增加；感觉敏感度提升；免疫功能增强。通过对禅定过程中脑电波的研究，奥斯汀发现禅定有利于产生α波。人们可以通过将注意力集中于节拍器的声音或者视觉刺激而增加 a 波。随着禅定的进行，渐渐出现平静的清醒脑波 a 波（8~12Hz），并随着时间的进展，a 波的振幅变大，频率减低，并慢慢出现律动性 θ 波（5~7Hz）。

研究还发现，曹洞宗的僧人在行禅的时候，a 波所占据的比重达到了 50%。而那些不熟练的修行者在行禅的时候，a 波所占据的比重只有 20%。而作为控制组的大学毕业生在他们行走的时候却没有产生 a 波。禅定脑波的另一个特征是：在禅定的时候给予连续的重复声音刺激（啪嗒声），正常人的脑波会产生一种警觉反应，从而导致 a 波的短暂消失，这称为"a 波阻断"（a-blocking）。如果声音刺激继续，大脑便会慢慢地习惯这种声音刺激，从而不再能导致 a 波阻断，这种现象被称为"习惯化"（habituation）。但是，禅僧在禅定时，a 波的阻断反应便不会产生习惯化，即每一次声音刺激都能导致同样的"a 波阻断"反应。这意味着禅僧在禅定的时候随时对世界都保持开放，禅僧虽然进入内在专注，但对外界的感受性并未减低，甚至提高。

这些研究结果表明，禅定修习能促使人们达到一种平静的、放松的状态，而这种平静、放松的状态有利于人们的身心健康。同时，禅定练习还能增强人们对外界的感受性，关于这一点，其他研究者也得出了相似的结论。Schure 等人的研究发现，禅定的训练能导致身体在平衡、力量、柔韧性、感受性、灵活性等方面均获得增强。

在抗衰老方面，坐禅也发挥了巨大的作用。2010 年，美国加州大学戴维斯分校和旧金山分校联合开展了一项激动人心的研究，发现禅修能够增加人体中重要的酶——端粒酶的含量。

近年来，许多研究都将人体的老化过程中的端粒磨损与身体机能的崩溃联系起来。在有瑕疵的细胞分裂中，端粒会变短，而且压力也会使细胞中的遗传代码面临退化的风险。端粒的健康对我们至关重要，而禅修能够提高端粒酶的水平，使染色体上的端粒不断得到补充。这是多么令人振奋的消息。

此外，加州大学的研究还向前推进了一步，并在研究中显示，高端粒酶水平能够激发出个人的幸福感，并提高应对压力的能力。或许这就是大部分禅师都活得比较健康、长寿、幸福的原因所在。

三、治疗疾病

运用坐禅治疗疾病在世界各地已有大量报告，无论是心理障碍还是躯体疾病，坐禅均有一定的益处。下面举几个坐禅治病的研究案例。

印度的爱德华七世纪念医院是一所有名的研究禅与医学综合治疗的医院。该院运用禅、瑜伽、医学相结合的治疗进行了9年的临床实践。研究的主要内容有坐禅和呼吸训练，以及在患者身心恢复时进行瑜伽练习，整个训练过程中同时进行医学治疗。治疗的疾病包括：溃疡性大肠炎、高血压、支气管哮喘等。治疗训练中要求病人每月6次到医院接受治疗，而禅和瑜伽则一天练习3次。结果发现治疗效果良好。另外，还发现对头痛、颈椎炎症的治疗有辅助效果，能起到一定的缓解作用。

有一个课题组在所进行的治疗试验中征集了250个病例，其中把治疗进行到底的共有165人。治疗方式规定坐禅是必须的，还有呼吸的调控和感觉训练。结果取得疗效的为117例（占71%），29%无效。其中无效的情况有：治疗期间有中断现象，治疗期间并发了其他病症。

另一个课题组主要研究高血压。选择病例47人，其中真性高血压32人，肾性高血压12人，动脉硬化导致的高血压3人。结果发现：真性高血压32人中62.5%用禅的治疗有效，肾性高血压12人中的42%用禅治疗有效，而动脉硬化导致的高血压3人全部无效。研究者认为：无效的原因是练习不规则或是练习姿势不正确引起的；还有可能是因为个人的心理差异因素，或因为训练的时间、药物的剂量因每个人不同而呈现出不同的反应，所以用统一的团体治疗就不能达到预期的效果。

美国的布洛斯特和德曼伯曾报道了用禅的松弛疗法治疗轻度高血压的病例。患者是一名退役军人，年龄48岁，白人，退役前为空军飞行员，飞行时间在8000小时以上。治疗于1989年开始，10年前发现当事人有轻度高血压，1983年开始为防止恶化而禁烟，当事人自我减少饮酒量，大约一周饮酒1~3次。在家族遗传史方面，父系无问题，母系有心血管疾病史。本人经过身体检查后发现，除了轻度的高血压外没有其他身体疾病。治疗的前两年即1987年起开始慢长跑，减肥，体重减轻10公斤。治疗试验是在日常生活中进行的，由医生指导其在家中坐禅，同时练习瑜伽，仍然继续慢跑和减肥的训练。禅的课程指导时间为6周，一周检查一次血压和身体状况。初诊时的血压为138/92mmHg，降压药的服用量为50mg/天。3周后用药量逐渐减少，6周后停止服用降压药，血压为122/86mmHg。根据这个结果，决定继续训练3~6个月左右。这期间体重又减轻了2公斤，血压调整到122/82mmHg。

在美国加州大学戴维斯分校，疼痛管理中心已把深呼吸、瑜伽、坐禅等方法引入到疼痛的治疗中，该分校的止痛医学主任斯科特·费什曼总结说："学会缓解疼痛造成的恐惧、焦虑和抑郁，的确能帮助解脱，可能这样会激发身体的止痛化学物质。"

下面再举中国古代《生生子医案》中运用坐禅联合中药治病的案例：

> 崔百原公者，河南人也。年余四十矣，而为南勋部郎。患右胁痛，右手足筋骨俱痛，艰于举动者三月，诸医作偏风治之不效。驰书邑大夫祝公征余治。予至，视其色苍，其神固，性多躁急。诊其脉，左弦数，右滑数。时当仲秋。予曰：此湿痰风热为痹也。脉之滑为痰，弦为风，数为热。盖湿生痰，痰生热，热壅经络，伤其营卫，变为风也。公曰：君何以治？予曰：痰生经络，虽不害事，然非假岁月不能愈也。随与二陈汤加钩藤、苍耳子、薏苡仁、红花、五加皮、秦艽、威灵仙、黄芩、竹沥、姜汁饮之。数日手足之痛稍减，而胁痛如旧。再加郁金、川芎、白芥子，痛俱稍安。予以赴漕运李公召而行速，劝公请假缓治，因嘱其慎怒、内观以需药力。公曰：内观何为主？予曰：正心。公曰：儒以正心为修身先务，每苦工夫无下手处。予曰：正之为义，一止而已，止于一，则静定而妄念不生，宋儒所谓主静。又曰：看喜怒哀乐，未发以前，作何气象。释氏之止观，老子之了得一万事毕。皆此义也，孟子所谓有事勿正、勿忘、勿助长，是其工夫节度也。公曰：吾知止矣。遂上疏请告。予录前方，畀之北归，如法调养半年，而病根尽除。

案中的"释氏之止观"即是禅家的坐禅；"内观"不仅儒家重视，也是禅家修习之方法。

四、心理学价值

综观现代禅家和心理学家的研究可以发现，坐禅与心理学的联系越来越紧密了。例如，目前日本心理学家发明的"内观"疗法、西方心理学家发明的"正念疗法"都来源于禅修中的"止观"修习。下面结合现代心理学知识，略谈坐禅的心理学价值。

（一）改变认知

认知心理学是以信息加工观点为核心的心理学，又可称作信息加工心理学，包括感知觉、注意、记忆、思维及语言等。在坐禅的过程中，无论是"修止"还是"修观"，都充分地调动人的感知觉、注意、思维等各项功能。这样，就能使你有时间观察念头、情绪及躯体感觉的变化，进而改变认知，重新评估身体和周围环境，让你的生活变得从容。坐禅在这方面作用已得到了各界的认可，并有大量的实验结果支持。

现代研究发现，禅定修习对认知改变有积极作用。Wenk-Sormaz 的研究表明：禅定能够导致个体认知上的改变，能够减少个体的习惯性反应（habitual responding），从而提高对每一件事物与事实的觉察力。Moore 和 Malinowski 的研究也得出了类似的结论，他们考察了禅定对个体的注意能力与认知弹性的影响。让实验组与控制组的被试分别完成 Stroop 干扰实验任务，结果发现实验组被试（即参加禅定练习的被试）的成绩明显好于控制组，并得出结论，这意味着禅定能够提高被试的注意能力与认知弹性。

与他们的研究不一样，Kozhevnikov, LouchakovaJosipovic 和 Motes 用实验的方法考察禅定对心理意象的影响，通过评估佛教僧人常常出现的超常意象，发现实验组（参加禅定练习的被试）完成意象作业的成绩明显高于控制组的被试。之所以出现这样的结果，原因在于禅定能够扩展被试的视觉空间加工能力，即同时能获取更多的资源并加工更多的资源。换句话说，视觉空间加工能力强的被试，在同一段时间之内，能够从外界获取更多的视觉资源，同时能够从记忆经验中提取更多的视觉资源，并能加工、处理更多的资源。

（二）纠正行为

在坐禅的"修止"过程中，通过专注于某一意象或观念、专注呼吸等，将"心"安住在视觉意象、声音意象、呼吸意象、身体意象或心境上，使心神安定,分散的心思专注于禅定意境,进而体验自己无念无想明镜般的空寂本性。在"修观"过程中,通过集中心念想象某一对象,以把握和净化自心、断灭烦恼。这样就能改变对外界刺激、躯体感受、情绪和念头的反应模式,这与行为主义治疗中的两大原理类似:重新建立"条件反射"和"强化"。如果运用得当,可以用于纠正行为。

根据禅定修习中"修观"的基本原理,我们临床常用"想象"来治疗两类问题:

(1)各种变态的或不良的行为

"不净观"是修禅的重要项目,相当于现代心理学的厌恶疗法,可用于纠正各种变态的或不良的行为。下面举一例佛陀用这一方法除去"爱欲"的案例:

> 有次举行大法会后,佛陀带领许多弟子接受波斯匿王的供养,阿难没跟上,于是就单独到舍卫城街上乞食。走了很久来到一个部落,钵还是空的,阿难又热又饿又渴。
>
> 刚好前面有一口古井,一位女子正在那儿打水,阿难走到井边,这名女子抬起头看见这位出家人,眼前一亮,心中发出赞叹:"多么庄严的比丘啊!"一念之间,她心里生起强烈的爱念。
>
> 这名女子名叫摩登伽女,属首陀罗种姓。依据印度的传统,首陀罗种姓的人为四种姓中最下阶级贱民,以清扫街路为业,他们既无权诵经、祭祀,又不能与四种姓中的其余三个种姓交往,甚至不可以直接将水、饭食等物亲自拿给其他三种姓的人。所以当阿难向摩登伽女要水时,摩登伽女犹豫不决,不敢把水供养给阿难。
>
> 阿难知其原因,安慰她道:"佛陀教导四种姓平等,你虽属首陀罗种姓,但一样可以供养比丘饭食。"摩登伽女听后万分高兴,欢欢喜喜地将水倒入阿难钵中,并瞪着大眼注视着阿难,直到他离开。
>
> 摩登伽女回家后,便得了相思病,整日思念阿难,饭食无味,从此失去了人生的乐趣,终日不是忧郁,就是沉思。眼看着花一样的娇容日见消瘦,她的母亲放心不下,再三盘问她究竟有什么心事折磨她。
>
> 摩登伽女最后才告诉母亲她的心思,希望母亲设法让她嫁给阿难。母

亲知道比丘是神圣不可犯的，女儿这种爱恋之心，根本不可能实现。可是女儿死求活求，一心只爱这位比丘。

母亲爱女心切，只好硬着头皮来找阿难，并说："我的女儿对你一见钟情，朝思暮想，我愿将女儿许配给你为妻。"阿难说："我所持的戒律不可以娶妻。"摩登伽女的母亲哀求阿难说："你若不取我女儿，她便会自杀，恳请你救我女儿一命。"

阿难十分为难地说："我随佛出家，身为比丘，不可结婚生子。"

摩登伽女的母亲回来后，将情况如实向摩登伽女说明，并劝说女儿死了这条心。可摩登伽女不甘心，哭着对母亲说："我若不能成为阿难的妻子，便会死去。母亲有大神力，可以救我。"

母亲答道："天下之道力，无有人能胜过佛与阿罗汉。"

摩登伽女说："母亲可以念符咒使阿难迷惑，天黑后不许他出门，然后我们便可以成夫妻了。"

摩登伽女的母亲无奈之下，当阿难再次来到她家门口托钵化缘时，她便用邪术使阿难迷迷糊糊，身不由己地进入摩登伽女的家，摩登伽女大喜，把自己打扮得如花似玉，来诱惑阿难。

阿难心知不妙，不肯依从。

摩登伽女的母亲大怒，在门前点燃一堆火，拉着阿难的衣服威胁说："你再不顺从，便将你投入大火烧死。"阿难心中有苦难言，悔恨平时不用功，危难之时力不从心。

阿难危难之时，一心念佛，道交感应，佛陀心知阿难受难，赶紧派遣文殊菩萨到摩登伽女家附近去找回阿难，并且叫所有的比丘要全心一意持楞严咒。

此时，阿难正在摩登伽女的室内，在即将破戒时，忽然间清醒过来，马上离开摩登伽女，跑回佛陀的修行地。

摩登伽女见阿难忽然离她而去，心中非常难过，来到寺前等阿难。阿难外出托钵，摩登伽女便傻傻地跟在他后面；阿难吓得不敢出门，摩登伽女便在门外等候。摩登伽女一日见不到阿难，便无所适从，大哭而归。

阿难在毫无办法的情况下，向佛求救。

佛陀问摩登伽女："你如此苦苦追阿难，为什么呢？"

摩登伽女回答道："阿难无妻，而我无夫，我和阿难正好可以结为夫妻，请佛慈悲成全我们的好事。"

佛说："你真的很爱阿难？"

摩登伽女说："我真的非常爱他。"

佛说："阿难没有头发，你若肯剃除秀发，你和他一样了，我才可以让阿难娶你为妻。"

摩登伽女毫不犹豫地答道："为了阿难，我什么都可以做。"

佛陀说："那么，你回家告诉你母亲，剃发后再回来。"

摩登伽女回家后，请求母亲为她剃除秀发。

摩登伽女的母亲非常伤心地说："女儿的头发犹如孔雀的羽毛，理应小心保护才对。你美若天仙，国中英俊男子那么多，我一定能帮你找一个如意的郎君，又何必苦苦地要嫁给一个沙门呢？"

摩登伽女回答说："我生为阿难的人，死为阿难的鬼。今生我非阿难不嫁。"

摩登伽女的母亲一边流泪，一边替女儿剃下秀发。

摩登伽女剃光头发后，高高兴兴地来到佛面前说："我已落发，请佛陀履行您的诺言。"

佛陀问摩登伽女："你爱阿难什么呢？"

摩登伽女答道："我爱阿难明亮的眼睛，我爱阿难英俊的鼻子，我爱阿难迷人的耳朵，我爱阿难甜美的声音，我爱阿难高雅的步伐，我爱阿难的一切。"

佛陀问："阿难眼中的眼泪不净，鼻中的痰不净，口中的唾液不净，耳中的耳垢不净，身内的屎尿肮脏不净。婚后行不净污秽，生子后便生老病死等苦，由此观之，阿难的身体有何值得爱的？"

为了进一步引导摩登伽女领悟不净观，佛陀叫人把阿难的洗澡水端出来，问她："你既然那么爱阿难，这盆水是阿难的洗澡水，你就将它喝下吧！"

摩登伽女吓了一跳说："佛陀，你是大慈悲者，这么脏的水为何叫我喝呢？"

佛说："每个人的身体原本就是这么脏的，现在阿难健康时你就已经嫌脏了，那他将来老死败坏时，你又将如何想呢？"

摩登伽女听了佛的话，忽能观察人身的不净，再也爱不起来——原来阿难的身体一样这么脏，那还有什么可以爱的？从此，爱念、贪念都消除了，顿然开悟，真的出了家，证了初果。

我们在临床应用这一方法时，往往先让患者想象自己的变态行为发生，并如何在现实生活中进行，当变态行为在想象中达到极点时，立即想象其恶劣的后果，这后果越恶劣越好，从恶劣后果的想象中获得强烈的厌恶感觉，从而清除变态行为。这种方法常被称为"内隐脱敏"。

（2）**各种恐惧症**

对于社交恐惧，我们可以让来访者对经常失败的情景进行想象训练，想象自己如何才能在那种情景下发挥自己的才能，取得成功。这种想象也必须力求逼真，而来访者则在这种逼真的想象中体验各种情绪。想象要求自己"放纵"，不被习惯性的思维方式所束缚，从而起到对非理性观念系统反抗的作用。这种方法常被称为"模拟想象"。其他类型恐惧症的治疗需根据恐惧类型进行相应调整。

下面以日本白隐禅师运用这一方法成功治疗大波"怯场"的事件来说明这一方法的价值：

大波先生是日本一位大相扑高手。从小他就在一位全日本的相扑高手门下接受了良好的训练，加之他天生体格强壮有力，所以在相扑技艺上突飞猛进。

在训练和练习相扑的时候，他的同学没有一个是他的对手，只要交手几个回合就会被他轻易击败。最后甚至连他的老师也不能战胜他。这样一来，他的老师就选他做他们相扑道场的代表，去参加日本的相扑比赛。

大家怀着期待目光观望在比赛场上的大波，希望大波能凯旋。但结果却让大家大跌眼镜，当无数双眼睛注视着强壮有力的大波上到比赛场后，发现大波连最差的选手都不能战胜。任何一个选手只要向他一瞪眼，就足够大波彬彬有礼地输掉这场比赛。平时练习场上把强大的力量、熟练的技巧显现得通畅淋漓的大波，在比赛场上却像一只任人摆布的小猫。对手只要一进攻,他就顺从地倒在地上;对方只要轻轻一推,他就一个倒栽跟头翻到场外;对方只要一拉,他就一个狗吃屎扑倒在地。大波的老师和同学们觉得惨不忍睹,羞愧万分,几乎要找个洞钻下去,以逃避这个可怕又令人羞耻的现实了。

当大波被这么淘汰出局,大家以为他身体出了什么状况。

"大波,你今天是身体不舒服?"

"对不起!我今天一看见对手就脸红手软,就想到打不过对手。"

"不会吧!大波,你连我们老师都能轻易战胜,而老师以前可是相扑的绝顶高手啊!"

"但我不知道该怎么办!"

"不要紧!大波,这一切会过去的,可能只是今天吧!下次会好的,努力!大波!"老师还是深信这是一次偶然失败,并继续鼓励大波。

过了不久,大波又参加了几场相扑比赛,但结果并没有如老师预料的那样。大波在比赛中输给了所有对手。

"大波,你到底是怎么搞的?"

"对不起!老师,我……"大波在老师面前惭愧得面红耳赤。

"大波,你平时练习时的力量、技艺和勇气呢?"

"平时是有啊!可是老师,我一上场就不知道怎么全没有了,我觉得在对手面前我就像只小猫一样无力,然后脸红腿软手抽筋。"

大波的老师和同学都对着大波干瞪眼没有办法。

就这样,被大家都看好的大波慢慢成了最不被看好的相扑手,他参加的比赛几乎是没有任何悬念的,再差劲的相扑手也能轻易战胜他。

可谓逢赛必输。

大波在生活中也因此变得自卑起来,他心里想着,我是一个怯场的相扑手,没用了。

这时候,日本著名的佛教禅师白隐正好游方路过大波所在的城市,在城市的一个小庙中歇脚。传说白隐禅师是一位开悟的禅宗大师,并风传他具有神奇的力量和智慧。

有一个同学一天和大波喝茶,聊起明天大波又要参加一场相扑比赛,大波愁上心头。

这时候那位同学提起了这位白隐禅师的神奇，然后建议大波不妨去拜访一下白隐禅师。看看对于他在比赛中的表现有什么好的建议，或许能够解决问题。大波于是接受了这个建议去白隐禅师歇脚的寺庙。

大波怀着得到神助的心情拜访了白隐禅师，白隐禅师问起他的来由，他说起了自己在相扑场上的怯场经历，问白隐禅师是否有什么神奇药方或者给他以神奇的力量。

白隐禅师说他虽然没有神奇的药方和神奇的力量，但有一个神奇的方法可以教给大波，这个方法一定能让大波在比赛中战胜一切对手。

"真的吗？"

"真的。"

"我们现在来学习这个神奇的方法。"

"好啊！"

"你的名字叫大波吗？"

"是的！禅师。"

"好，我们就从大波这个名字开始吧！大波，也就是巨大的波涛。"

"是的！"

"今天晚上你留在我的寺庙中过夜，不过夜里你需要把你自己想成是大海的波涛。"

"怎么说呢？"

"大波，你把你自己想象成就是大海的狂涛巨浪，而不是一个怯场的相扑手，你就是海涛本身，想象你就是台风引起的海浪，并且去摧毁所有的事物。"

"喔！我会去做的。"

"呵呵！这可是个神奇的办法，你只要一直去做，你不久会成为日本相扑界最伟大的相扑手，一扫你过去的耻辱。"

大波被这么一说，心里充满了信心："禅师，我会好好练习这一方法的。"

"好，大波，你好好去练习吧！我去休息了。明天听你好消息。"

禅师走了，大波在禅房里坐着，他开始尝试想象自己是海浪，起初他还有点腼腆，觉得把自己想象成海浪好像有点难为情。不过他在"神奇的方法"、"不要再给老师丢脸，要获得比赛胜利"等想法下，慢慢能够把自己想象成海岸边的海浪了。

开始时还是轻轻拍岸的海浪，想了一会儿，大波觉得有了某种感应，就加了把劲，想象台风袭击日本岛屿的景象，这时候海浪就越来越大。慢慢地想象中有了大风的声音，台风引起的海涛巨浪整个冲击着岛屿。这时候，房间消失了，寺庙也慢慢消失了，巨大且咆哮的巨大海浪孕育着无限的力量似乎摧毁了一切。大波这时已经忘记身在何处，好像他就是海浪，他体验着台风和海浪摧毁一切的成功感觉……

到了天亮的时候，禅师发现大波仍然坐在禅房里，于是过去拍拍大波的肩膀，叫醒了他。

"大波，你昨天晚上将自己想成海浪想得怎么样？"

"谢谢禅师，感觉很好，我想象自己成为袭击日本岛屿的巨大台风和海浪，好像能够摧毁一切似的。"

"好！大波。现在没有什么能够烦恼你了，你只要在比赛中把自己想象成这海浪，就可以去横扫一切，战胜所有对手了。"

"禅师！麻烦了。"

大波告别了白隐禅师，然后去相扑比赛场。所有的人看见大波要上场了，都笑嘻嘻说，这个常败将军又来输比赛了。

大波上场前，回忆昨夜的海浪，将自己想象成摧毁一切的台风和巨涛。

当他再一次开始比赛时，他以前练习时的所有力量、技艺、勇气全部在比赛场中发挥出来了，他大吼一声，像一头狮子一样冲向对手，对手还没有反应过来，已经被大波击倒在地……

从此，大波参加比赛信心百倍，无往不胜，成为日本摔跤第一人。

（三）沟通意识与潜意识，根除神经症人格

心理分析学家荣格认为："心理治疗师必须跟从自然发展的脚步，他或她应该致力于激发隐藏在病人身上的潜能，而不是一个劲地向病人发问。"他在书中写道："让事情自然而然发生的艺术，无为而为，随波逐流，是我悟道的关键。

我们必须有能力让事情在心灵中自然发生。这个艺术大部分人都不懂。意识永远都在干扰、纠错、否定，试图做点什么，从不肯让心灵安静下来。""让心灵安静下来"这一目的正是坐禅"修止"的效果所在。

在"心灵安静下来"之后，荣格采用"积极想象"来沟通"意识"与"潜意识"，他写道："就像发生在两个平等的人之间的对话，每一方都给予另一方信任，以便来一场有效的讨论。双方都认为，通过充分的比较和讨论来调和观点的冲突是有必要的，将自己与对方清楚地区分开来也是有必要的。"这个过程正是发生在坐禅的"修观"过程中的现象。

可以看出，坐禅的"止观"修习类似荣格的心理分析过程，能够直接打开横亘在意识与潜意识之间的那扇封锁的门，直接进入潜意识的黑匣子，搜索其中深层次的创伤、压抑、欲望以及久远的记忆，直接曝光意识想隐藏、想伪装的事情，直接与潜意识对话，直接给潜意识输入新的指令。这样，意识与潜意识就能得到沟通，人格能够得到完善。用弗洛伊德的理论描述就是，"超我"与"本我"的矛盾得到了缓解，用荣格的理论描述就是"阴影"得到了整合。如此，神经症人格就不复存在了。

禅学智慧的疗愈身心价值

> 我们自身所拥有的天然治愈能力，是所有帮助我们康复的手段中最强有力的。
>
> ——希波克拉底
>
> 圣人求心不求佛，愚人求佛不求心，智人调心不调身，愚人调身不调心。
>
> ——《顿悟入道要门论》

无论是禅学中的守戒、禅定，还是顿悟，最终目的都是获得智慧，这种智慧在疗愈身心中非常有价值。正如日本著名的禅学家铃木大拙所说："禅是从束缚到自由的道路，禅解放我们的自然能力，禅使我们免于疯狂或颓废，禅促使我们表现出对幸福和爱的追求能力。"他通过对精神分析学说与禅宗的比较，认为在拯救心灵创伤、寻求人生诸多答案、充分把握世界、超越自我迈向心身健康之路等方面，坐禅有独特的效果。他说，顿悟之后，"你的精神活动都将以一种新的格调来活动，它将使你体验到前所未有的满足、和平、欢乐，生命的调子改变了。当你心中充满愉悦的时候，春天的花儿显得更美，山间的溪水愈加清澈。"

下面从现代心理学中的禅学智慧及禅学智慧的疗愈作用两方面来介绍。

一、现代心理学中的禅学智慧

西方著名的分析心理学家荣格非常推崇禅学中的哲学和心理学智慧，下面略举几点：

（1）他所提出的"个人潜意识"与"集体潜意识"与禅学八识中的第七识末那识、第八识阿赖耶识颇为相近。

（2）他非常重视整体性，在书中写道："人们对待无意识意象要有很强的责任感。不能理解它们，或者逃避期间的伦理责任，就会令他丧失整体性，他的生命会被痛苦地撕成碎片。"这与禅家所说的"正业"和"正定"又是何其相似。

（3）荣格提出的曼荼罗直接来源于藏传佛教。

（4）"自性"是荣格理论的核心内容之一，他说："自性就是方向和意义的原则和原型。自性中蕴含着疗愈功能。对我来说，这个洞见为我找到了通往中心（因此通往目的地）的道路。"这"自性"与禅学中的"佛性"、"空性"是何其接近。

……

后世的西方心理学大师弗洛姆、马斯洛等，更是清楚地认识到了禅学思想对心灵认识的深刻、修心技术的完善，并因此受到不同方面的启发，以至于禅学思想精华被西方心理学界普遍认为是一种心理学。正如弗洛姆所说："如果把弗洛伊德变无意识为意识的原则推到最后，我们就接近于开悟的概念了。"

现代心理治疗技术也有与禅学修持方法相似之处。如"理性情绪疗法"与禅修中的"双思维法"、"转移法"与禅修中的"观息法"、"宣泄法"与禅修中的"忏悔法"是非常相近的。

日本池见西次郎在《自我分析》中说："如果大声反复地朗诵祈祷的文句和

佛经等,可以将长久积郁于心,即刻就要爆发的怒火、怨气以及其他激烈的情绪和感情,以平安的方式发散出去,起到净化心灵的巨大作用。"

日本心理学家森田正马博士创立的森田疗法中"顺应自然"、"为所当为"的治疗理念,以及西方心理学家发明的"接受与实现疗法"(acceptance and commitment therapy,简称 ACT)与禅学智慧中的"平常心是道"是何其相近。

二、禅学智慧的疗愈作用

(一)纠正认知和行为

禅家认为,痛苦根源于"追求错误的东西"。爱比克泰德也提出:"扰乱人们的不是客观事情,而是人们对客观事情的见解。"因此,对疾病和苦痛,尤其是"心"病,我们往往会在疗愈过程中向来访者/病人讲解"苦"、"无我"、"无常"等禅学理念,使其树立"正见",而祛除"邪见"、"妄见"。这种方法有些类似于现代临床心理学中的认知治疗,恰当运用可以纠正歪曲的、不合理的、消极的信念或思想。随着不合理认知的矫正,来访者/病人的情感和行为也会得到相应的改变。《名医类案》中禅师治疗邝子元的医案即是典型的认知行为治疗案例:

> 邝子元由翰林补外十余年矣,不得赐还,尝侘傺无聊,遂成心疾。每疾作,辄昏聩如梦,或发谵语,有时不作,无异平时。或曰:"真空寺有老僧,不用符药,能治心疾。"往叩之,老僧曰:"相公贵恙,起于烦恼,生于妄想。夫妄想之来,其几有三,或追忆数十年前荣辱恩仇,悲欢离合及种种闲情,此是过去妄想也。或事到跟前,可以顺应,即乃畏首畏尾,三番四复,犹豫不决,此是见在妄想也。或期望日后富贵荣华,皆如所原,或期功成名遂,告老归田,或期望子孙登荣,以继书香,与夫不可必成、不可必得之事,此是未来妄想也。三者妄想,忽然而生,忽然而灭,禅家谓之幻心。能照见其妄,而斩断念头,禅家谓之觉心。"故曰:"不患念起,惟患觉迟。此心若同太虚,烦恼何处安脚?"又曰:"相公贵恙,亦原于水火不交,何以故?凡溺爱冶容而作色荒,禅家谓之外感之欲,夜深枕上思得冶容,或成宵寐之变,禅家谓之内生之欲。二者之欲,绸缪染著,皆消

耗元精。若能离之，则肾水滋生，可以上交于心。至若思索文字，忘其寝食，禅家谓之理障，经纶职业，不告勤劳，禅家谓之事障。二者之障，虽非人欲，亦损性灵。若能遗之，则心火不致上炎，可以下交于肾。故曰：'尘本相缘，根无所偶，返流全一，六欲不行'。"又曰："'苦海无边，回头是岸'。子元如其言，乃独处一室，扫空万缘，静坐月余，心疾如失。"

案中的禅师用禅学之理分析了过去、现在、将来三种妄念，让其觉知到自己的不良认知，然后提出："不患念起，惟患觉迟。"使其能平心静气地重新调理生活，改变行为，从而治愈疾病。正所谓："不怕念起，只怕觉迟，念起即觉，觉之即消。"

（二）促进内省

禅家认为：世界万有（一切事物和思维概念）都是生灭变化无常的，即"诸行无常"；世界上一切事物（包括我们的身体）都没有独立的、实在的自体，一切法都由种种因缘和合而生，不断变迁，没有恒常的主宰者，即"诸法无我"。故《心经》提出："色即是空，空即是色，色不异空，空不异色"，"受、想、行、识，亦复如是。"

因此，追求外在的东西、永生不死都是达不到的，只有放弃"法执"和"我执"，追求内在的"佛性"、"自性"、"真我"才是解脱之道。也就是说，想要幸福、平安的生活，我们必须内省。正所谓："自结玄关自活埋，自吾闭也自吾开；一拳打破玄关窍，放出从前者汉来。"下面这则故事即反映了这一思想：

有位禅师，每天早晨都在花园徘徊不去，弟子们不断好奇地询问："大师，您究竟在花园中修炼什么法门？"

禅师被问了无数次，有一天终于开口说："我只是仔细地看，然后，我看到玫瑰花绽放了！"

弟子们差点昏倒，异口同声说："师父，我们天天都看见玫瑰开花！"

"不！"禅师摇摇头，然后说："连我都要小心谨慎地鉴别，到底我是真的看到眼前的玫瑰开花，还是看到我脑子里的死玫瑰开花。"

综观禅门公案可发现,所有得道禅师都把内省法运用得如火纯青。类似例子还有"觅罪了不可得":

有位年过四十的在家居士,没说自己的名字,向慧可礼拜,问说:"我得了中风的病,一定是罪业深重,请和尚为我忏悔业障。"

慧可说:"把罪找出来我帮你消除。"

居士说:"我怎么找也找不到罪。"

慧可说:"我已经帮你忏悔业障完毕了,你应当皈依法僧。"

居士说:"今天看到和尚,知道和尚就是僧,可是什么是佛?什么是法?"

慧可说:"这个心就是佛,这个心就是法,佛就是法,法就是佛。僧也是,依此类推。"

居士说:"现在我终于明白,罪跟心一样,不在内、不在外、不在中间,都不可执为实有。"

慧可非常器重这位居士,就为他剃发,并说:"你真是禅门之宝啊!应当取名僧璨。"

其实不只是"觅罪不可得",在禅家眼中,我们所能想得出来的一切,都觅之不可得。

此外,禅师的问话技巧,比现代的心理咨询技术更是技高一筹,不去问你到底如何痛苦,有什么原因……而是"直指人心",让你当下"见性成佛"。如慧可直白地说:"把罪找出来!"他们都把问题抛回给询问者,让他们内省,明白痛苦原来是"自己想出来的",所以也就无所谓解脱与不解脱了。这是禅师们惯用的解决问题方法,下面再举一例来说明:

僧人问:"怎么样才能解脱?"

石头希迁说:"谁绑住你了?"

僧人又问:"怎么样才能往生净土?"

石头希迁说:"谁弄脏了你?"

僧人又问："怎么样才能永离生死，证得涅槃？"
石头希迁说："谁拿生死束缚你呢？"

（三）打断理性思维，培养体验自由的能力

随着文明的进步，我们的理性思维越来越发达，这有好的一面，如解决自然、环境、社会等方面的问题，理性思维都具有不可比拟的优势。但是，我们的幸福感并没有改变，似乎痛苦程度、深度一点都不比古人少。故卢梭提出："人生而自由，但却又无时不在枷锁中。"德国哲学家叔本华在《心理的观察》中说得更具体：

空闲不易，因为我们活得越来越忙，即使有时间也要装作很忙碌，以此来安慰自己并对外宣告："我不无聊。"骨子里面却是无聊透顶。

摆脱烦躁的第一步就是给自己一丝喘息的空隙，就像乐章里必不可少的休止符，调节着整部乐章的快慢缓急。

空闲不可怕，可怕的是不懂得空闲的重要还要营造一幅假象来欺骗自己、消磨岁月。

为什么会这样子呢？原因可能很多，其中的部分原因可能是，我们被自己的理性思维束缚住了，不自由了，从而丧失了体验内心深处自由的能力。这是作为"人"必然会遇到的存在主义哲学和心理学困境之一。故林语堂在《论近人情》中所说："如果我们失掉了思想自由，那还不如匍匐而行，承认两足走路是一个错误，而回返到三万多年前的原来姿势。"

为了打断理性思维，培养体验自由的能力，历代禅师创作了比上述促进内省的方法更进一步、更激烈的措施。如"德山棒"、"临济喝"均为此而设。下面以《景德传灯录》中的"临济三问三遭打"来说明之：

临济义玄起初追随黄檗禅师参学，首座很是欣赏他，就勉励他直接向黄檗发问。义玄就去见黄檗，问道："什么是达摩真正传来中国的心法？"
黄檗二话不说，举棒便打。

义玄再问三问，黄檗再打三打，合计三问三打，打得义玄晕头转向，搞不懂为什么问佛法却会挨揍。心想，大概自己机缘还没成熟，所以向首座长远告辞说："谢谢您鼓励我向和尚问法，可惜我太愚鲁了，被和尚赐了三顿棒子，我打算离开这里四处行脚，也许有机会。"

首座跑去找黄檗说："义玄虽然是后生晚辈，资质却奇特，等他来辞行时，请和尚指示他一条明路。"

第二天，义玄向黄檗辞行，黄檗要他先到大愚处，义玄就先找大愚参学。

大愚问他："你从哪里来？"

义玄说："从黄檗那里来的。"

大愚问："黄檗说些什么？"

义玄说："黄檗和尚什么都没说，我向和尚问佛法真实义，和尚立刻举棒打我，就这样连问三次也被连打三次，不知问题出在哪里？"

大愚说："你真是笨蛋，黄檗这么慈悲，你问他什么是佛法真实义，他就连打你三次，要使你彻底摆脱佛法的陷阱，你居然还问问题出在哪里！"

义玄一听，盘踞在脑海的疑惑一扫而空，立刻大悟说："原来黄檗和尚的佛法只有这一点！"

大愚一把抓住义玄说："你这尿床小鬼，刚才还说自己被黄檗打得东倒西歪，现在又说黄檗的佛法只有这么一点点。你明白什么道理？快说，快说。"

义玄二话不说，往大愚肋下搥了三拳，大愚把他托开，笑说："跟我无关啊！你想算账要找的是黄檗，他才是你的老师。"

义玄立刻向大愚辞行，回去见黄檗。

黄檗说："你回来得未免太快了！"

义玄说："谁叫你们两位都这么慈悲，所以两三下就什么事都没了。"

等义玄站在身边侍候时，黄檗开始勘验他了，问他："大愚对你说什么了？"

义玄就把大愚的话讲了一遍，黄檗说："大愚这个老家伙真是啰嗦，下次见面时，一定好好揍他一顿。"

义玄说："不必等到下次见面，现在就先揍一顿。"随后就打了黄檗一掌。

黄檗说："你这个疯子敢来捋虎须？"

义玄就大喝一声。

黄檗笑说："侍者，把这个疯子带走。"

案中义玄问佛法真实义，黄檗举棒便打，目的有两方面：一是以迅速棒打来打断义玄的理性思维，制造机会来突破理性思维这个障蔽佛性的精美陷阱；二是棒打即是佛法真实义的全部展现，佛性普遍在任何一机一境中。可惜义玄的理性之墙非常坚固，被打之后并未倒塌。他再问，再被打，第三问，又第三次被打。这样坚固的性格真像部分心理障碍患者顽固的防御机制。

这整个过程就像心理治疗过程，不管治疗师如何努力，来访者就是没有领悟。在大愚处，大愚一句"黄檗已经把答案通通告诉你了"，就像一根针刺进被空气涨满的气球，气球应声而破。这时义玄开悟了，明白黄檗打他的用意，立刻把黄檗的手法使出来，搥了大愚三拳，表示此事只能去体验，无法描述。

回到黄檗身边，义玄又意气风发地打了黄檗一掌，黄檗也欣然领受。这就是开悟后所获的智慧。这时他彻底铲平了权威崇拜，心灵自由了。后来，他说出了"逢佛杀佛，逢祖杀祖，逢罗汉杀罗汉，逢父母杀父母，逢亲眷杀亲眷，始得解脱，不与物拘，透脱自由"的名言，更显出禅者以自由为光荣的绝对自由。仰山慧寂禅师也作诗赞赏这种自由：

滔滔不持戒，兀兀不坐禅，

酽茶两三碗，意在镢头边。

意思是：我的心自由自在何必持戒？我的心如若不动何必坐禅？闲来喝两三碗浓茶吧！大道遍一切处，菩提是菩提，烦恼也是菩提，即使扛起锄头下田去，也充满道的情趣。

这种自由得到了大量哲学家和心理学家的赞同，例如，亚里士多德提出："幸福好像就等同于闲暇"；狄奥根尼告诉我们："苏格拉底珍视闲暇甚至一切。"弗洛伊德将精神分析治疗的疗愈等同于自由；施尼茨勒认为，自由意志不只是道德的基础，也是伦理的基础。

在现代机械化的文明中，受"意志权力"所强加的"权威要求"的影响，我们的创造性和艺术性几乎被那些常规的时间记录钟和没完没了的世俗事务所毁灭，利用禅学智慧打断理性思维、培养体验自由的能力显得尤为重要。

（四）了悟"空性"，摆脱不安全感

已故德国存在主义哲学家海德格尔提出："人是'向死的存在'。"也就是说，只要有生，就一定有死。因此，各种恐惧、焦虑、担心等"不安全感"就必然会随之而来。就临床所见，健康焦虑、死亡恐惧、疑病、入睡困难，甚至工作狂、强迫性心理障碍、肥胖症等都与深层次的"不安全感"有关。就算平常健康者，当躯体出现不适时，这种感觉也会立马出现，只是程度轻重不同而已。正如台湾医生许添盛提出："肥胖者不断累积能量或进食，主要是为了增加存在的安全感，或对生命的掌控。减重不是单纯的饮食习惯和热量控制问题，这些外在行为都只是因应心灵的渴求。所以，了解你所渴求的，试图以内在的方式解除自己的不安全，或达到你期待的目标，别让身体独力去面对这些问题，体重才可能成功下降。"

佛陀提出："见空性者，死神难觅。"为我们指明了摆脱不安全感的方向。

在禅学中，"空性"意思是：虽然事物并不是天生具有某种特质，但也不是天生就不具有那些特质，这使得事物具有成为任何东西的可能性——事物并不是那个样子，但也不是"不是那个样子"。也就是说，空性是离于二元判断，没有任何限制，也没有否定任何东西的存在。从这种角度说，"人"既没有生，也没有死，是超越生死的存在。用现代化学的创始人安托·拉瓦锡的话说就是，"没有东西消失，一切只是转化而已。"下面灵云志勤禅师所言也是此意：

僧人问："如何得出离生老病死？"
灵云志勤禅师说："青山元不动，白云任去来。"

另外，"空性"也指禅学中的"因缘和合"理念。就我们"人"而言，它是由色蕴、受蕴、想蕴、行蕴和识蕴组成的暂时集合体，正如梁、椽、砖、瓦组成房子，离开梁、椽、砖、瓦也就没有房子一样，离开"五蕴"也就没有"人"的存在。或者说，"人"仅仅肇因于地、水、火、风四大元素的暂时集合体罢

了，这四大元素被假名为"人"。死神是无法追踪与找到"人"的，只可能追踪到分崩离析的地、水、火、风四大元素。

了悟了"空性"，也就明白了身与心的现象都是"无常"的（诸行无常），没有一个固定的"我"存在，"人"只是一种假名（诸法无我）。这样，我们就无须武装自己或者为了安全而攀附任何东西，也不需要害怕被挑战，因为没有任何坚实的东西在挑战。就像天空容纳着云一般，我们只是单纯地"在"，接纳生命所带来的一切，不受任何恐惧和偏见的束缚。正如19世纪的C·伯纳德所说："生命、死亡、健康和疾病，这些词都没有客观实在性。"下面这则公案也展现了这一意思：

  叶县归省去将息寮探望生病的僧人，病僧乘机问："和尚！如果四大本性空寂，为什么我还会生病呢？"
  归省说："病就从你想问这个问题而来。"
  病僧听了，有几分被打动，忍不住喘气，一会儿又问："如果连问都不想问呢？"
  归省说："那就可以放下不管，永远安住于空性。"
  病僧惊喜地喊了一声："啊！"就过世了。

这位一悟就死的病僧，给了我们一个很好的启示：完全了悟了"空性"，就没有执着，也就没有死亡恐惧，随时可以自由来去了。下面举拉姆·达斯和保罗·高曼合著的《如何助人》里的故事来说明了悟"空性"对摆脱不安全感的意义：

  现在关于犯罪以及如何对付犯罪，有两种理论。反犯罪行家说："你必须像犯人一样思考。"还有一些警察知道，结果他们自己也产生某种犯罪心态。
  我处理犯罪的方式实在很不同。我是一个和平警官。我看到的人本质上是纯真的，本性善良的……
  现在，有趣的是，这个方式是如何起作用的。

我逮捕过一名非常愤怒的男子，他挑中我作为其仇恨的对象。当我必须把他送上囚车时，他向我脸上吐唾沫，他还拿椅子想扔我。我们给他戴上手铐，把他丢入囚车中。一路上，我只能对他的粗暴熟视无睹，我一再对自己说："这家伙和我是亲兄弟。"当到警局后，我很感动，不由自主地说："如果我有什么地方得罪你，我向你道歉。"囚车司机呆呆地看着我，以为我完全疯了。

第二天，我把他从拘留他一夜的地方押往刑事法庭。当我去接他时，心想："哦，如果你相信此种想法，就别给他上手铐。"所以我没有给他上手铐。我们到了走廊中间的一个地方，他完全可以突然袭击我，如果他有意这样做的话。他突然停住了脚步，于是我也停了下来。然后他说："你知道，我想过了你昨天说的话，我想跟你道歉。"我对此只是觉得深深的感动。

翻看他在警局的前科档案，得知他在几个恶劣的监狱中待了很长时间，并同一些凶悍的警卫发生过冲突。我的行为对他来说代表某种东西。我相信已看到情况出现了转机，而且还产生某种治愈作用。

如果我们了悟了"空性"，做到了不认同身份，就可以恭敬地关心自己和他人，而且不再受拘于恐惧和"小我"意识的妄想。

（五）培育正念，不可勉力而为

正念是禅学中的重要内容，在古印度的巴利文里是 Sati，在英语里是 mindfulness，目前这是个很时髦的词，具有觉知和观察的含义。世界上许多禅学家和心理学家合作，通过对《无我经》《四念处经》等进行深入研究，开发出许多以正念为基础的心理疗法，如辩证行为疗法、接受与实现疗法、内观认知疗法、聚焦体验疗法等。下面借庞蕴居士所作的偈"一切尽归如"来解释一下"正念"的意思：

一切尽归如

见时如不见，闻时如不闻，
喜时如不喜，嗔时如不嗔，
一切尽归如，自然无我人。

此偈意思是：看见事物时好像没有看见，听到声音时好像没有听到，欢喜的时候好像没有欢喜，生气的时候好像没有生气，因为只是接受与表达本来面目，当然没有自我、没有对象，只是纯然让事情发生。

"见时如不见，闻时如不闻"，重点在于见到了，也听到了，只是所见所闻是百分之百传真，没有受到语言的污染、概念的投射、偏见的扭曲。简单地说，就是"如其所是"的看和听，不加入任何的主观判断。同样的，如果能如实地接纳自己，不管欢喜或悲伤，都只是自性、本我的不同表现形式，犹如冰与蒸汽都只是水的不同形态而已，并且是无常的。那么，无论或喜或嗔，都只是去感受，但不要去反映即可。简单地说，庞蕴居士想要告诉我们，要消除"二元对立"、"主客分别"，以事物本来面目来看问题，也要以自己的本来面目来接纳自己。这就是一切尽归如的"如"，也是"正念"的精髓所在。

禅学经典中曾用母鸡孵蛋育小鸡来说明"正念"的重要意义：

母鸡下了大约 10 ~ 12 个蛋，它必须随时照料，关注冷暖，爱护备至。但是母鸡并不会这样想：今天或是明天、后天应该用口啄破蛋壳，或者用爪子啄破蛋壳，使小鸡安稳地出生。它并没有这样想，它也不希望、也不能够用口啄破蛋壳帮助小鸡出生。母鸡所需要做的只是不断地保持耐心孵蛋，随时关心爱护，那么这些小鸡才能够自然安稳地出生。

这个比喻提示，"正念"包含随顺自然、不可勉力而为之的意思，否则就容易弄巧成拙。正如安瓦里在《苏哈里》中所说：

如果你失去一个世界，
不要为此悲伤，因为这是微不足道的；
如果你得到一个世界，
不要为此高兴，因为这是微不足道的；
苦乐得失都会过去，
都会离开这个世界，因为这都是微不足道的。

下面这则故事也表达了这一思想：

从前，一位国王有3个儿子。大儿子英俊潇洒，而且很受他人爱戴。当他21岁时，国王在城中建造了一座官殿，让他居住。二儿子非常聪明，也很受国人爱戴。当他21岁时，国王也为他建造了一座官殿。三儿子既不英俊也不聪明，对人不友好，也不受人爱戴。当他长到21岁时，国王的谋士们说："城中已经没有建造官殿的土地。请在城外为王子选一个地方吧。你可以将它建造得非常坚固，并派遣你的侍卫前往守护，防备城外暴民攻击。"国王接受了谋士们的建议，在城外为小王子建造了这样一座官殿，并派遣了士兵前去守卫。

一年以后，小王子给父亲捎来口信："我不能住在这里，周围的暴民非常凶悍。"谋士们说："再建造一座更大更坚固的官殿，选择距离城市和暴民有20英里的地方。派遣更多士兵，这样可以有效预防路过游牧部落的攻击。"于是，国王又建造了这样一座官殿，并派遣了100名士兵前去守卫。

一年以后，小王子再次捎来口信："我不能住在这里，周围的部落非常凶悍。"谋士们说："在100英里以外建造一座城堡，一座能容纳500名士兵的城堡，而且足够坚固可以抵抗边境地区居民的攻击。"于是，国王又建造了这样一座城堡，并派遣了500名士兵前去守卫。

然而，一年以后，小王子又捎来口信："父王，周围居民的进攻非常凶猛，他们已经进攻了两次，如果他们再次进攻，恐怕我和你的那些士兵都将性命不保。"

国王对谋士们说："让他回家吧，他可以和我一起住在王官里。现在，我已经明白，虽然我爱自己的儿子，但不能倾全国之力让他远离困境。"

这则故事向我们提示：从长远来看，与我们的困难一起生活比投入大量资源控制和压制它们要容易得多。

(六) 培育慈心，增强共情和爱的能力，促进健康

经济学之父亚当·斯密斯在《国富论》开篇提出："人类或许真的非常自私。尽管如此，他的天性里明显还存在另一种特质，让他去关注他人的命运，甚至为别人的幸福感到满足——哪怕自己除了观者的快感一无所得。"斯密斯之言说明了"良心"、"道德"等爱人的能力是根植于人性的。放眼整个生物界，不仅人如此，许多动物也是如此。例如：

> 20世纪60年代，美国心理学家报告了一项研究结果，如果恒河猴发现自己拉链子得到食物会以同伴遭受电击作为代价，它们就会住手。在实验中，猴子的做法比大鼠还要极端：大鼠停手是暂时的，而目睹自己的动作给同伴带来的遭遇，一只恒河猴5天没有拉链子，另一只足足支撑了12天。这些猴子真就宁可饿着自己，也不肯让同伴吃苦头。

这项研究说明，猴子具有"共情"和"爱"的能力。另有研究发现，这种能力是具有生物学基础的，与大脑中的"镜像神经元"有关。正如下面的研究所揭示：

> 1992年，意大利帕尔马大学一个研究小组报道说，猴子大脑中有一种特殊细胞，这种细胞不仅在猴子自己伸手够东西时会活化，当看到其他个体伸手够东西也会活化。猴子大脑里安置上电极，细胞的活化就会被反映在电脑屏幕上。猴子从实验人员手中拿走花生，神经元会发出一个短促的信号，经放大听起来像机关枪响。过一会儿，猴子再看实验人员拿起一颗花生，同样的细胞就会发出信号。

我们每个人也都具有这种"镜像神经元"。可是，我们的周围似乎充满了冲突、冷漠，甚至暴力，有些人甚至丧失了精神的自觉，体验不到生命的意义，理解不到生命的尊严，意识不到自我是作为"人"的存在，就像是换位思考和更深层次的共情之间永久的丧失了联系。换句话说，这些人已经称不上是真正意义上的"人"了。

值得安慰的是，既然我们本性中存在"共情"和"爱"的种子，那么这种共情和爱的能力还是可以培育的。

针对这种状况，禅家提出了"无缘大慈，同体大悲"的大愿。"无缘大慈"

指的是，虽是无缘众生，但是也大发慈心，以种种方便令种善根而救渡之；"同体大悲"指的是，观一切众生与自己同一体，视他人的痛苦就是自己的痛苦，而生起拔苦与乐、平等绝对之悲心。用儒家的话说就是，"老吾老以及人之老，幼吾幼以及人之幼"；用平克·弗洛伊德乐队所唱就是，"我就是你，我眼睛看到的就是我"。

对于如何培育慈心，《清静道论》中的偈语有云："以心遍察一切的方向，不见有比自己的可爱；他人都是爱他自己的，爱自己的人不要害他人。"用基督的话讲就是"爱人如己"。

现代研究发现，培育慈心有助于改善人际关系、改善自我和谐度和接纳度的作用，目前神经科学的研究已证明了慈心对大脑内部协调整合有一定作用。例如：

> 世界著名的脑科学家理查德·戴维森和他在威斯康星大学神经科学团队经过研究发现，通过慈心禅训练的短期冥想者比一般人的同理心更强。而长期的冥想者，通常经历了10000多个小时的训练；脑部扫描记录显示，他们具有更大的幸福感和同理心。科学家针对他们做了一项试验，将他们置于吵闹和不舒服的环境中好几个小时，但是令人吃惊的是，他们的脸上竟然都泛起了微笑，研究者以前从未见过其他人在如此恶劣的环境中有如此反应。

这项研究为通过培育慈心而增强共情和爱的能力提供了有力的证据。

不仅如此，培育慈心还能够增强我们的免疫系统，提升健康水平。根据哈佛大学的研究，做善事能够增加鼻腔和口腔中抵御病毒的抗体：

> 研究人员让学生们观看特蕾莎修女在印度加尔各答照顾穷人的录像。即使其中那些最玩世不恭、对修女的慈善工作嗤之以鼻的大学生，也表现出了免疫功能的增强。他们体内一种被称为T细胞的白细胞有所增加，而T细胞与长寿存在着密切的关系。

此外，培育慈心对缓解疼痛也有帮助。《做善事的疗效》一书的作者艾伦·卢克斯对3000人进行了有关善行效果的研究，发现善行的作用包括：

（1）减少抑郁感；
（2）减少敌意和孤独感；
（3）增加乐观性；
（4）更有复原力。

哥伦比亚大学罗伯特·瑟曼教授曾用一个有趣且贴切的形容来描述带着"慈心"的生活：

> 想象我们在纽约的地铁里，外星人出现并击中了地铁车厢，车厢里的人因此要一直待在一起。我们应该怎么办？如果有人饿了，我们送上食物。如果有人情绪失控，我们尽量安抚。我们同在一个车厢，所以要和睦相处，互相照顾，并承认我们是紧密联系在一起的。

事实的确如此，生活在地球的我们正如待在那个车厢里一样，我们永远在一起，我们的生活是紧密联系的，我们没有理由不带着"慈心"来生活。

（七）培养"直心"和"平常心"，摆脱过于理想化的道德教育

道德健康是健康的重要组成部分。2005年薛晓阳教授在《教育研究》上发表了《道德健康的教育学刍议——兼议心理教育的伦理转向》一文，指出健康与伦理不可分割，健康问题是人类道德生活保障的结果；纯粹的心理健康不是健康，缺少道德的健康更是严重的疾病。同时他还认为，道德健康的出现为心理教育的伦理转向提供了动力，心理教育不仅要关心人的适应能力，更要关心适应过程和方式的伦理性。

在以儒家文化为主导的社会里，我们从幼儿园就开始进行各种各样的道德教育，但是，我们的道德体系似乎漏洞很多，每天从网上可以看到关于腐败、吸毒、赌博、杀人、"碰瓷"等与道德有关的负面信息。除社会、管理、政治等方面的原因外，我们认为与道德教育本身的缺陷——过于理想化有关。

贺拉斯提出:"追求美德过了头,理智的人可成疯子,正常的人可成痴子。"法国思想家蒙田也提出:"最美丽的人生是以平凡的人性作为楷模,有条有理,不求奇迹,不思荒诞。"事实的确如此,过于理想化的道德教育,容易赋予自己或别人过分夸大了的优良品质,往往把感官享乐视为邪恶,使克制自己的人感到高人一等。但是,这种教育并不能使人在道德上真正高尚起来,理想化的结果必然导致人们对正常需要的压制。过分的压抑使人对自己的情感和欲望缺乏了解,误以为满脑袋全是道德文章,而被压抑的情感和欲望既然不能通过正常的途径和方式来满足,它们就要借助于其他防御机制以扭曲和病态的方式表现出来。

根据心理防御中的"反向形成"原理,如果理想化防御失败,就有可能转变为对自己或别人过分贬低,甚至否定整个道德追求和道德的价值及道德教育的效用。这种人由于体验不到道德愉快感,容易导致心理障碍和躯体疾病。

其实,道德是由内而发的,正如德国哲学家尼采在《神圣的成长》中所说:

> 道德,似乎就是让我们"应该怎么做"的命令。这种命令的口气往往会破坏我们的心情,甚至让我们产生逆反心理。因为它让我们从头到脚感受到一种莫名的压力。
> ……
> 我们的道德观念是由内而发的,应该是一种自发的"我们想要怎样做"。

道德教育在这方面的缺陷,我们可以用禅学智慧中的"直心"和"平常心"来克服。《六祖坛经》中说:"一行三昧者,于一切处行住坐卧,常行一直心是也。"维摩居士也提出"直心是道场",要求我们摘下"面具",保持"诚实心",用老子的话表达就是"婴儿的心"。弘一法师提出:"平生无一事可瞒人,是为大快。一个人一生若能做到无一事可瞒人,行住坐卧自然心安理得,可得大自在。"这种"心"被《超级大脑》的作者迪帕克·乔普拉和鲁道夫·坦奇排在超级大脑英雄阿尔伯特·爱因斯坦和佛陀之间。下面用一个禅学故事来说明禅家对"直心"的重视:

有一老宿养了一名童子，并不教他规矩。有一回来了一名行脚僧人，便教童子佛门的礼仪。傍晚老宿从外头回来，童子现学现卖，对老宿行问讯礼。

老宿真是惊讶极了！知道是行脚僧人教他的，便找行脚僧来对他说："你到处行脚，参禅访道，到底学些什么呀！这童子本来好好的，谁叫你还拿这些规矩来教坏他！快快滚吧！"

黄昏下着大雨，行脚僧被赶出门。

童子原本混混沌沌，象征着维持原有的"直心"，那正是修行人所要追求的未被染污的本来面目，只是童子自己身怀宝珠而不知。行脚僧教他礼仪规矩，象征着修行人迷失本心以后，企图藉由持戒、行善、广读经论来寻回"直心"。这种行为类似于我们的理想化道德教育，尼采称这种行为为"冒牌老师的教诲"，他在《权力意志》中说道：

世间有无数像模像样的冒牌老师。

他们教会我们无数处世之道。这样做能占便宜，这样判断不会吃亏，与人交往时要这样，人际关系要那样拓展，这种事情要如此这般……

请大家仔细想想。冒牌老师的教诲，皆为价值判断。

看待人与事物的方法全无。

难道我们要在未理解人生本质的情况下，浑浑噩噩地度过一生吗？

尼采在《快乐的知识》中进一步提出了类似"直心"的行动法则：

世间的常识、道德、规范告诉我们应该干什么而又必须克制什么。我们却因为这些规范而时常对应不应该做某事而感到困惑，最后导致萎靡不振。

我们在实际做事的时候，没有必要过分在意这些常识和规范。我们应该毫无迟疑地、认真地做自己想做的事情，而将那些阻碍、无用的东西统统抛掉。

因此，不要在意任何事情，而要勇往直前地去行动。

叔本华也赞成这种"直心"，他在《人生的智慧》中提出：

判断我们到底该做些什么和不该做些什么，我们都不应以别人为榜样，因为各人所处的位置、境况、关系都不相同，各人性格的差异也会使人们对事情的处理沾上某些不同的色彩。"两个人做一样的事情，但那已经不是一样的事情了"。经过一番深思熟虑以后，我们必须以符合自己性格的方式行事。所以，在处理实际事务时，自己的独到见解是必不可少的，否则，我们做的事情就会与我们的自身不相吻合。

"平常心"与"直心"类似，指"无造作、无是非、无取舍、无断常、无凡圣……只如今行住坐卧，应机接物……"下面举一则吴山净端禅师对"直心"、"平常心"的大胆实践：

有一次，吴山净端禅师应章丞相的斋请，没想到章丞相请他吃的是羊肉馒头，但他也欣然接受，好好地享受了羊肉馒头的美味。事后章丞相说："您今天真是赚到了一顿美食啊！"吴山净端回答："我则刚还在想这馒头真好吃，原来这头畜生与我有缘啊！"

不仅如此，还有一次章丞相生日时，吴山净端禅师送了一只白狗当贺礼，用作冬令进补的香肉用，并写了一首小艳诗："山中无羊犬当羊，头无双角尾巴长，非但补劳并益髓，夜间别有好思量！"

从心理卫生角度说，吴山净端禅师的行为无可非议，只要不违法和不妨碍别人，每个人都有追求愉快的权利，这种行为比我们现在的伪君子强多了。

第六章　正念禅修及其在减压和疗愈疾病中的应用

你无法阻挡浪潮，但你可以学习冲浪。

——杰克·康菲尔德

光明正大地享受自己的存在，这是神圣一般的绝对完美。

——蒙田

美玉藏顽石，莲花出淤泥；
须知烦恼处，悟得即菩提。

——云门宗某一禅师

"正念"（mindfulness）一词源于佛教冥想，是对当下所发生一切的全部觉察，不进行任何判断取舍，它适用于任何情况。一行禅师提出："我把正念定义为能帮我们百分之百投入的力量，让我们感受自己真实存在的力量。"美国乔·卡巴金（Jon Kabat-Zinn）博士更是明确地将"正念"定义为"一种觉知力"：是通过有目的地将注意力集中于当下，不加评判地觉知一个又一个瞬间所呈现的体验而涌现出的一种觉知力。

所谓正念禅修，即指正念的培育，又常称为"观禅"、"正念冥想"、"内观禅修"，目前已广泛运用于身心的疗愈。本章将对正念禅修及其在减压和疗愈疾病中的应用进行介绍。

压力和疾病与错误思维模式及应对方法有关

心无挂碍，无挂碍故，无有恐怖。

——《般若波罗蜜多心经》

> 人类对于外界的探讨和征服远远超过人类对自身的了解。
>
> ——朱利安·赫胥黎

一、压力与错误的思维模式及应对方法的关系

每当你需要面对一项挑战时，就会促发压力的产生。可以说，人类是伴随着压力进化而来的，如果没有任何压力，我们人类可能早就消亡了。但是，在社会高速发展的今天，压力似乎已是我们这代人的一个诅咒，也成了很多事情的诱因。我们经常说，"我压力山大"、"我精疲力竭了"或者"我真的很有压力"。谈到压力，我们就像是得了一种无法掌控的疾病。

其实，压力并不是一种病，而是人身体和心理的一种状态。压力研究专家 Richard Lazarus 发现，压力产生于你将遇到的状况解读为危险或困难。换句话说就是，压力是我们对自己不喜欢的事物所做出的反应，它是一切问题的关键所在。例如，你的上司怒斥你的工作报告是多么糟糕、指责你工作不够努力时，如果你将此解读成人身攻击或有意羞辱，你的身体就会呈现出类似于你将被一头壮硕的黑熊袭击时出现的"战斗或逃跑反应"：脑中的杏仁核被"点燃"，应激反应被激起，肾上腺素和皮质醇被大量释放；随后，我们就会瞳孔放大、呼吸急促、心跳加快、血压升高、全身冒汗……然而，如果你将这种状况解读为"上司今天心情不好"或者"他就这脾气，对每个人都是这样，没什么大不了的"或者"虽然有点沮丧，但也没那么糟，我的报告可能还可以再改进，我再看看"……你就不太可能促发上述压力反应。因此，从压力产生的角度看，对事件的解读远比事件本身的实际情况更为关键。

当压力感产生后，就会出现你根本不用思考就自动产生的行为，这种状况被称为压力反应。如果足够幸运，有些压力反应是有帮助的，在这种情况下，压力感会慢慢地自动消失。但是，更多的时候，人的压力反应是不健康的。例如，如果你在感到压力时喝咖啡、饮酒或抽烟，并发现咖啡、酒、烟能帮助你很好地完成工作，你就会认为喝咖啡、饮酒或抽烟能应对压力。其实，咖啡因在某种程度上是一种兴奋剂、酒精是镇静剂、烟草中的尼古丁是抗焦虑剂，你用得越多、越久，就越有可能会陷入压力——喝咖啡、饮酒或抽烟——压力的

恶性循环中。正如诗人鲁米所说:"这是短暂收成的时刻,我们收割完成后,很快又会长出东西。"

除此之外,压力的无效应对方法还有:逃避或躲避;打架,吵架,把情绪发泄在亲近的人身上;暴饮暴食或绝食……

二、负性情绪、消极想法与错误的思维模式及应对方法的关系

负性情绪、消极想法与错误的思维模式及应对方法之间的关系,比较容易理解。

下表是情绪障碍患者中常见的思维模式(认知曲解),这些曲解是患者痛苦的真正原因。

常见的认知曲解

曲解的认知	解释和举例
全或无	看事情非白即黑。 (例如:如果成绩不够完美,就认为自己完全失败。)
过度泛化	将一次消极的事件看成是永不停止的事件。 (例如:我将永远不幸运。)
跳跃性地下结论	读心术:武断地认为别人正在消极地看待你,并且你也不想去核查一下算命者的错误;你预想事情将变得糟糕,你确信你的预言已经确定是事实(自我实现预言)。
取消积极方面的资格	你因为其他的某些原因坚持它们无用而否定一些积极的体验,这样你坚持消极的信念和你每天的体验相矛盾。
以偏概全	你集中于某个单一的消极细节并且完全地践踏于其中,以至你所有的视线都变得黑暗,就像一滴墨水弄脏了一大杯水。
人格牵连	你认为自己是一些消极事件的原因而事实上你并不需要负首要责任。 (例如:都是因为我,使事情变得这么糟糕,老板肯定很讨厌我。)
情绪化推理	你假设你的消极情绪肯定地反映了事实:"我感觉到了,因此它肯定是真的。"
贴标签和贴错标签	这是一种过度泛化的极端形式。你给自己贴上了一个消极的标签:"我是一个失败者",而不是描述自己的错误行为。或者当他人的错误行为惹恼了你,你就给他们贴上了消极标签。 贴错标签指高度扭曲和满载情绪地描述某件事情。

续表

"应该"、"必须"陈述	倾向于用"应该"、"不应该"、"必须"的陈述方式来描述任何事情,倘若事情不如意即会产生挫败、生气、愤恨和不安等负性情绪。
扩大化(灾难化)或者缩小化	你夸大事件的重要性(例如你的错误或者其他人的成就),或者你不恰当地缩小事情直到他们看起来微小了(你自己合意的质量或者其他人的缺陷),这些也叫作双眼诡计。

在错误的思维模式作用下,错误的应对方式自然就会产生,其中最主要的是形成习惯性逃避或压制,即想要让消极和令人焦虑的思想、情绪和感觉不出现。但是,尽管这些方法会使我们开心点,但往往只是暂时的,我们发现:习惯性逃避不仅不能降低或消除负面的情绪,反而会助长情绪的火焰,越是要逃离,越是会让它们变得强大。同样地,越是想把那种伤心的想法压制住,越是不去想一些令我们伤心的事,而那些事越会源源不断地冒出来。

例如,你第一次感到抑郁时,会产生一些消极的想法、负面的情绪,会变得无精打采。这些负面的体验出现时,你的大脑会把这些想法、感觉和躯体上的感知结合在一起,即使在你感觉好一些之后,这些潜在的联系依然存在,只是它们静静地躺在大脑某处休眠。然而,当你再次感到一点点悲伤的时候,你就会自动地开始想"这种感觉又回来了"、"为什么我总是这么倒霉呢"、"我要完蛋了"……这些消极的自动思维又会触动消极情绪,导致身体的状况处于"低沉"状态,而这些状态又会引发更消极的思考,从而形成螺旋式向下的恶性循环情绪。

焦虑、恐惧等情绪亦是如此,它们是一种"对焦虑的焦虑"、"对恐惧的恐惧"。如果极力避开或压制焦虑和恐惧等念头、情绪和感觉,它们就会越来越强大,出现的频率也会越来越频繁。正如一个房间正在进水,如果你为了让水不流出来而在外面把门关上,水进得越多,你在外面就必须用更大的力量才能保证门一直关着而不被水顶开,最后直到你撑不住了,门嘭的一下打开了,水瞬间大量涌出。

三、躯体疾病与错误的思维模式及应对方法的关系

从身心灵的角度看,躯体疾病或者说不舒适感的出现,其实并非仅仅是躯

体问题，同时也是个精神、心灵问题。也就是说，思想和躯体不是分离的、二元的，而是一个整体，是一元的。我们在前面几章已详细论述了情绪和潜意识都可以导致躯体疾病，调"心"可以治疗躯体疾病。因此，从发病学的角度说，躯体疾病可能只是我们生命过程中积存的各种问题的一种最表象的反映，与错误的思维模式是密切相关的。

另外，躯体疾病的发生还与我们不承认自己作为"人"的局限性这种错误的思维模式，以及由此产生的应对方法有关。在这个星球上，我们作为"人"的时间和能量其实都非常有限。如果在生活中不停地做加法，不断地承担各种各样的工作和责任，不断地透支生命，那么，终会有一天，你会感到筋疲力尽，躯体出现"状况"。这种情况有如被困在屋里的蜜蜂，它看到窗户外面的亮光，就以为可以凭借自己的努力穿过关着的窗户。如果蜜蜂能看到自己的局限性，那么它就不会这样做，不会不断地撞击窗户，直至撞死。德国哲学家叔本华也反对这种滥用精力的现象，他在《人世的命运》中提出：

> 不要滥用生命给予你的精力，因为精力不像海绵里的水只要挤就还有。精力就好像一棵树上的叶子，无论再怎么生长，无论看起来多么茂盛，总有掉光的那一天。谨记不要去尝试做不属于自己年龄段的事情，否则你是通过施加熟石灰和人工加温的方法使自己发芽、抽枝、开花，甚至结果，但很快，你会发现自己这棵树逐渐走上了凋谢、枯萎，甚至死去的不归路。这时你会发现，时间的设计是多么的精妙，它让你在适合的时间情窦初开，又在你需要独当一面的时候给你契机，最后在一个合理的日子带你结束"人间一生游"。

再者，躯体病痛的转归、预后也与思维模式及应对方法有关系。因为，如果我们与疾病认同，把疾病当成"我"，也就是把自己定格在疾病上，那么就会在躯体疾病的基础上出现哀伤、孤独、悲恸、焦虑、气愤等情绪，转而加重躯体疾病，甚至促发提前死亡。正如第三维也纳精神治疗学派主将傅朗克在德国纳粹集中营中所发现："在生死交关的极限境况中，维系生存的真正要素不是体力上的强弱，而是精神力量的充足与否。身体原来强韧硬朗的狱囚，由于内在精神的颓落消失，无力抵制死神的挑战。反之，躯体看起来弱不禁风的狱囚，因具高度精神力量，反能在面对死亡时能勇敢地生存下去。"傅朗克还举了二战中的一件轶事来说明正确思维模式及应对方法的重要性：

> 有一段时间，他们在巴伐利亚的大森林中兴建一座巨大而又隐蔽的军需工厂，生活艰苦，生命得不到保障。有一天傍晚，他们正捧着汤碗，疲惫万分地坐在茅舍地地面上休息，这时一个难友冲进屋来，叫大家到集合场上去看夕阳。大伙儿于是都站到屋外，只见西天一片酡红，朵朵云彩变幻着形状和颜色，整个天空绚烂到了极致，生动万分。大伙屏息良久，一个难友才慨然叹道："这世界怎么会这么美呀！"又过了良久，另一个人说道："朝阳比这还要美许多，我们为什么不再看看明天的太阳呢？""对，看看明天的太阳！"众人一下子又对未来产生了希望。

印度著名的精神导师 Nisargadatta 在晚期遭受喉癌疼痛时也有一段值得我们深思的论述：

> 疼痛是身体引起的，而痛苦则是精神引起的。如果没有精神，那便没有痛苦。疼痛是人类生存和身体健壮所必需的，但并不一定会导致你的痛苦。痛苦是由于过度的沉溺或抵抗引起的，这也是你不情愿继续前进或调整的一个标志。圣人的生命中是体会不到痛苦的，所以如果你像圣人那样去生活，便会远离痛苦，圣人不想让事情和其实质有什么不同；他知道这一点，但他会考虑所有的因素，疾病是难以避免的。他友善地对待难以避免之物，因此，他便不会感觉痛苦。他如此了解疼痛，疼痛就伤害不了他。如果可以的话，他会尽力去做需要做的事情，让消失的平衡感再度浮现，他会让事情顺其自然。

这段精辟的言论告诉我们，每个人的躯体最终都会消亡，我们应该如何去生存和生活呢？是应该有尊严和幸福地活着，还是充满焦虑和压力，让自己的精神"分裂"呢？这依然是思维模式和应对方法的问题。

四、小结与启示

从广义上来说，任何问题的产生与解决都与头脑中的认知模式以及随之采用的应对方式有关，压力和病痛亦是如此。尼采提出："谁要是不懂得把他的思想搁置起来，那么就不应该卷入激动的争吵中。"因此，当我们遇到困难并准备采取进一步行动之前，首先应该做的是检查我们自己大脑的认知模式及行为方式。否则就容易陷入下面这则禅学故事中"老师"的处境：

中国福州某寺有名老和尚，他有三位弟子。三个僧徒都到外面行脚修行，现在回来了。一徒在都城习得诗文，一徒从诸长者习得经纶，只有神赞什么也没有学到。于是神赞遭到老僧嫌弃，使为杂役。一天，神赞在澡堂帮师父擦背，边说，"庙虽好，可庙里的佛不行。"老师回过头来，神赞又说，"佛虽然不行，可是还有光。"又有一日，老师在窗下默诵经文。一只野蜂想飞出去，没头没脑地乱撞纸窗。神赞见此情形，便说，"房子这么大，有门洞开，不从空处出，偏撞纸窗，白费气力。"并作了一首偈道："不肯出空门，投窗是大痴；百年钻故纸，何时才出头。"于是师父说，"你小子所言，另有一番气度，一定得逢名师，快快道来。"神赞于是把在百丈和尚门下修行悟道的经历讲了一遍。师父心生惭愧，乞教于神赞，面流喜泪说："老僧到这般年岁才识到禅宗真诀。"

正念禅修的减压和疗愈疾病作用及机制

我的经验在于那些我愿意关注的事物，只有我注意到的东西才能塑造我的想法。

——威廉·詹姆斯

你看到一池水的时候，如果水静，你就能看到月亮的倒影，如果水动，你看到的月影便破碎散乱。我们的内心也是如此，当心动荡时，便看不到世界的真实面目。

——乔恩·J·穆斯

一、正念禅修的减压和疗愈疾病作用

2007年，美国国家卫生统计中心发布的调查结果显示，过去的一年中共有超过2000万美国人练习正念。调查人员得知，修习者进行这种练习是为了提高整体健康水平，缓解压力、焦虑、疼痛、抑郁和失眠，或者应对心脏病和癌症等慢性病症状及其带来的精神压力。

美国近来的一项调查结果表明，有40%以上的心理健康专家会使用一些正念的治疗方法，认为这些方法能促进身体和精神上的康复。例如，在一项开放性研究中，乔·卡巴金博士招募了两组健康的被试，并教给其中一组被试进行正念觉知练习，主要强调的是呼吸。3个月后，正念觉知组的心理困扰减少了44%，诸如感冒、头疼等疾病减少了46%，对日常挑战的应激反应减少了24%。而另一组没有变化。

目前比较流行的正念治疗方法有：（1）正念减压疗法（MBSR），该疗法由正念疗法创始人乔·卡巴金博士及其同事在美国马萨诸塞州立大学医学院的减压诊所里发展起来，目前已在全世界广泛应用，主要用于减轻压力，适用于各种身体状况，并且科学证据也充足；（2）内观认知治疗（MBCT）：在MBSR的基础上融入认知治疗，已从治疗抑郁症推广到治疗其他疾病。下面再举数例关于正念禅修在疗愈身心方面的研究报道：

（1）通过对200多名慢性疼痛患者采取正念治疗方式，结果表明，按照MBSR治疗的大部分患者在身体和心理健康方面都有很大程度的改善。

（2）一项针对焦虑障碍患者的研究表明，通过MBSR治疗的患者，其焦虑和抑郁情绪降低在90%以上。

（3）一项针对牛皮癣患者的研究结果表明，经过正念禅修干预（从一个光盒里发出的声音中得到指导）者的康复速度是没有得到声音干预患者的4倍，证明了正念本身具有促进病情愈合的功效。

（4）两项针对MBCT的研究表明，该疗法在预防抑郁障碍复发方面非常有效，能将复发率下降55%。

二、正念禅修减压和疗愈疾病的机制

至于正念禅修减压和疗愈疾病的机制,用前面几章的观点来说,主要是调"心"。具体而论,又有以下几个方面:

(一)与内在体验重新建立了联结

心理学家加里·施瓦兹(Gary Schwartz)曾提出健康反馈回路模型,把疾病的根本起源归结为与想法、感觉和情绪失去联结,而健康则源于与内在体验建立联结。例如,当你遇到交通拥堵的情况时,由于人们不容易意识到压力对身体和心理的影响,所以你可能注意不到身体上的紧张,急促或不规则的呼吸,或者你正紧紧握住方向盘,你的指关节都变白了。你更不可能注意到其他方面,如心率加快、血压或体温升高,以及焦虑和愤怒的潜在影响。

然而,如果你具有正念,就会有良好的觉察能力和应对方式:一旦觉察到了身体上的紧张,你就已经回到了当下这个时刻,你就可以放松紧握方向盘的手;一旦你注意到呼吸变得急促而不规则,你就可以通过正念呼吸法来稳定你的呼吸,这也能够对体内其他的压力症状逐渐产生调节作用,包括心率和血压。

(二)重新认识了自己

古希腊时期,在宗教圣地德尔菲的阿波罗神殿刻着"认识你自己"几个字,这也是大哲学家苏格拉底终其一生都在探寻的重要思想。但是,即便在21世纪的今天,自我认识和自我反思仍没有得到足够的重视。无论是从禅学,还是从存在主义心理学的角度看,"错误地认识自己"都是痛苦和疾病的根本原因。

通过正念禅修训练,以及对生命的深层次反思,你会重新认识自己,重新发现作为"人"的生命意义,如此,我们就活得踏实与安然。就减压和疗愈疾病方面而言,正念禅修可以帮助你正确地看待自己的躯体、情绪、思想等方面。

1. 你不是你的躯体

我们的躯体由几亿个细胞组成,细胞每时每刻都在经历重构与死亡。细胞由许多物质组成,这些物质又受我们吃的食物种类及所含成分影响,这所有的因素进而影响我们的神经、免疫、内分泌等系统的功能,最后全身上下所有器官都受影响。一切都在这么自自然然地发生,不受"你"的左右,即使你的躯体彻底残废,你对自己的感觉仍存在于此时此刻。因此,你不是你的躯体。通过正念禅修，你就会觉察到，我们平常习惯性地说"我的身体"、"我的胃"……其实只是"暂时"地"拥有"被禅家称为五蕴和合组成的"假我"而已，它绝不是你内在的自己。

2. 你不是你的思想

我们现代人似乎很喜欢"跟着感觉走"，"正常人"如此，患躯体疾病者如此，焦虑症、抑郁症、强迫症等心理障碍者更是如此，大脑给他什么样的指令，他就怎样去执行，结果搞得"压力山大"和"疲惫不堪"。修习正念可以发现，无论花多少时间与精力去冥想，我们的思想一直在变，不听我们控制，正如《金刚经》中所说："过去心不可得，现在心不可得，未来心不可得。"因此，你不是你的思想。通过正念禅修，我们可以像观察漂在水面的落叶或漂在天空中的云朵一样观察头脑中的思想，在你与你的思想之间是存在一定空间的。

3. 你不是你的情绪

就像你可以观察自己的思想一样，通过正念禅修，你同样可以观察自己的情绪。它就像波浪一样此起彼伏，渐渐地来，渐渐地消失。因此，你不是你的情绪。

（三）转换了应对方式

既然"我"不是躯体、不是情绪、不是思想，那么我们在遇到躯体病痛以及情绪障碍、思维障碍时，除了找医生规范地诊治以外，就没必要"病急乱投医"、"病急乱服药"了。正念禅修可以帮助我们实现从"行动模式"到"存在模式"的优雅转换。正念的这种作用主要是通过以下方式实现的：

1. 培养接纳一切和不作评判的态度

通常情况下，无论是现实中遇到的各种关系问题，还是躯体病痛、情绪和思维困扰等内在问题，一经产生，你会很容易被它们迅速侵袭，并在大脑自发的"行动模式"影响下作出相应的反应，导致情况变得更糟。例如，就慢性疼痛而言，努力地去减轻疼痛很有可能不会奏效，就像你努力放松下来反而会导致更加紧张一样。如果以和缓而坚定的态度承认和接纳自己的疼痛，你的痛感就有可能会逐渐减轻。已有不止一项研究证实，在经过为期 8 周的正念禅修后，慢性病患者发现自己的痛感得到了明显的减轻。

对强烈情绪和念头所造成的痛苦同样如此，如果我们假装这种感觉不存在，它的危险就会更大，持续时间就会更久。如果我们采用正念，让自己接受：此刻，我正在经历愤怒/焦虑/恐惧，甚至告诉自己说："现在，我有一种强烈的愤怒感/焦虑感/恐惧感，"那么这种痛苦感就会减轻并持续短暂。

总之，如果能从对某事钻牛角尖的态度中脱离出来并转变成一种接纳一切的态度，你就会对真实的现实做出正确评价而不是害怕它可能会是什么样子。结果无论发生什么事情，你都具有更大的复原力来加以调节。

需注意的是，正念所说的接纳并不是被动接受无法容忍的东西，它不是"放弃"，也不是听天由命或者懦弱无能。而是让我们的心智和身体达到一种好奇、开放和接受的状态，让我们活在当下，不再做无意义的挣扎。也就是说，正念所说的接纳是：

（1）鼓励我们的思想去拥抱真实深刻的现实认识；

（2）是暂时的停顿、一定时间的包容、顺其自然和清晰的认识；

（3）让我们避免陷入千钧一发的艰难境地，不会被迫硬着头皮做出反应；

（4）赋予我们更多的反应空间和时间，让我们充分认识面临的困难，了解它们可能造成的所有痛苦，并以最巧妙的方式做出回应。

2. 培养旁观的能力

前面已经论述，许多时候，痛苦是因为我们把"我"认同为自己的躯体、情绪、思想。如果我们具有正念，就能扩展自己的关注点和观察范围，而不再担心和认同每一个细节，然后在不否定应激存在的同时摆脱它。因为，当你站在旁观者的有利位置时，你就不再是一位受害者，你也就有了摆脱应激的能力。

通过这种方式，我们可以一点一滴地从旧的思维模式（自动思维——对任何应激源自动做出反应）中解脱出来。这样，我们就能够专心旁观并欣赏每次丰富和复杂的经历，会开始明白自己要做的正是眼前的事情。久而久之，我们将会慢慢实现从无察觉到觉察状态的优雅转身，生活在"此时此地"之中。

实践证明，当你在任何给定的时间里只是旁观而不是对正在发生的事情做出反应时，你就会延迟对情景的反应，一直到所有的信息被正确看待为止。很多时候，我们会发现，遇到应激的最聪明的反应就是"按兵不动"。

3. 培养标示的能力

随着正念禅修的深入进行，你就会非常及时而准确地觉知到躯体出现的感觉、头脑中出现的念头和情绪反应,并及时给予标示。例如,当觉知到躯体某处疼痛时,就可以说"痛、痛"或"痒、痒"……当出现负性情绪和不良念头时也是如此,你可以安静地给自己的思维和情绪贴上标签,说"思考、思考","计划、计划","担忧、担忧","紧张、紧张"……研究已证实:标示你的情绪是抵消消极情绪的一种有效方法,标示情绪可以抑制杏仁核(情绪反应中心)的活动。

总之,我们的大脑有自己的思想,我们的身体有自己的需求,只是长期以来被我们忽视了。通过正念禅修,就会慢慢明白,你无法强行控制自己的躯体感受、思想和情绪,而只需旁观这些心理状态,像"观潮"似的看着它们出现、停留、自行消散。当你意识到,你的躯体感受、思想和情绪并非"真实"或者"现实",就会获得极大的解放;它们只是生命体的自然活动而已,并不是"你"。如此,就无所谓"压力"与"病痛"了。

提请注意的是,我们已在《与自己和解:用禅的智慧治疗神经症》一书中对正念禅修治疗神经症的原理进行了论述(与上述内容互补但不重叠),有兴趣的读者可参阅。

正念禅修的常用方法

用安静的眼睛看世界。

——霍华德·瑟曼

最好的方法就是迎难而上。

——罗伯特·弗罗斯特

一、正式的正念禅修方法

正式的正念禅修包括"正念四观"(呼吸正念、身体正念、声音正念和思维正念、情绪正念)、行走正念、饮食正念,需要系统、规律地训练。其中又以呼吸正念为基础和核心,在呼吸正念训练(每天至少2次,每次至少10分钟)纯熟之后(一般需要1周以上),可结合身体正念的训练;在身体正念训练纯熟之后再依次结合声音正念和思维正念、情绪正念训练;最后,依据修习者个人情况,把"正念四观"融会贯通,进行规律修习(每天至少2次,每次至少20分钟)。

行走正念、饮食正念的要求相对宽松,开始时可隔天各训练1次,纯熟之后可随时进行。下面进行分别介绍:

1. 准备工作

找一个安静、相对隐蔽与可以独处的地方,穿着尽可能宽松而柔软,让自己处于一个舒适的姿势即可练习,例如:

(1)坐在椅子上

①如果你选用的是一把椅子,最好有笔直而结实的靠背(不是扶手椅)。这样,你坐着时可以不依靠靠背,用脊柱支撑你的身体。

②可以尝试把几本杂志或木板垫在椅子的后腿下面,使椅子稍微向前倾斜,这样可以帮助你毫不费力而又自然地挺直脊背。

③把双脚平放在地板上,双腿不要交叉,膝盖张开的角度需要大于90度。这样可使自己的臀部略高于膝盖。

④把手放在膝盖上,手心朝上朝下均可。

⑤把头自然轻柔地抬起,竖直颈椎,下颌微收,然后向前、后调整几下,直到找到中间的平衡点,你的头部既不会前倾也不会后仰,而是自然地落在脖子和肩上。向左、右调整几下,再次找到平衡点。

⑥如果你觉得舒服,可以合上双眼。如果你不想这样,就将视线放低,让目光落在身前几尺的地方,但不要全神贯注盯着某一点。

总之,不要勉强,不要僵硬,要放松,让身体保持自然与柔软,像布偶一样垂挂在笔直的脊柱上。

(2)坐在地板坐垫上

①如果你坐在地板坐垫上,选择的坐垫尽可能要硬一点,当你压下去时,至少还有8厘米厚。

②坐在坐垫的前缘,让你的脚交叉放在前面的地板上。如果地板上铺有地毯,那或许足以保护你的小腿与脚踝不会受太大压力;如果没有地毯,你可能需要为脚准备一些垫材,折叠起来的毛毯会是不错的选择。

③让你的两个膝盖都碰到地板,两只小腿相互交叉,左脚放在右大腿上,

右脚则放在左大腿上。两个脚底都朝上。

④手的位置就摆在肚脐下方，轻放在腹前大腿上，手掌朝上，相互重叠，两大拇指轻触。手臂刚好稳稳地包住上半身，颈部与肩膀的肌肉不要紧绷，放松手臂。

⑤眼睛和视线的安放同上面的第⑥步。

（3）卧姿

如果采用卧姿，你可以躺在一张地垫或厚地毯或床上，双腿不要交叉，双脚自然分开，双臂沿着身体两侧摆放，微微张开，如果舒服的话，将手掌向上对着天花板。

卧姿主要用于身体正念的训练。

（4）其他姿势

如果有肢体障碍，或者对上述姿势不喜欢，你可以自己选择一个既能感到舒服又能确保时刻处于完全清醒的状态。

对于训练行走正念和饮食正念，只需要环境安静，对姿势无特殊要求。

2、呼吸正念的训练方法

（1）首先，选择一个你觉得舒适的姿势坐好，慢慢闭上你的眼睛，收敛感官，观照一下整个身体的各个部位，如果你发现某些部位还有一些紧张就尝试去放松、柔和下来。

（2）缓慢地做三四次深呼吸，感觉空气进入你的鼻腔，充满你的胸腔和腹腔，再把空气从体内呼出。然后调节呼吸到正常节奏，不要用力或控制呼吸，只是去感受呼吸。无论如何，你都在呼吸，你要做的只是感受。

（3）注意你在什么地方最鲜明地感受到呼吸，也许在鼻孔的边缘，也许在胸腔或者腹部。然后就让你的注意力像蝴蝶停在花上那样轻轻地停留在那个部位。

（4）开始注意那个部位有怎样细微的感受。例如，如果你观照的是停留在鼻腔的呼吸，你是否可以觉察到空气流经鼻腔，是否带着微微的凉意，是否有细微的摩擦。如果你观照的是腹部的呼吸，你会感觉到吸气时腹部缓慢升起的轻微充胀感，以及呼气时腹部下降产生的不同感觉。你无须把感觉说出来，只是去感受。

（5）此时此刻，将你的注意力完全观照于你的呼吸过程。

（6）你也许会发现你的思绪会不断游走、飘忽，每次当你意识到又开始陷入思虑、回忆，或是计划当中，一旦觉察到，就马上从那里再次回到当下，回到观察你的下一次呼吸上，一次又一次，飘走再拉回到当下，每一次你要做的就只是将注意力再次牵引到下一次呼吸，而不要去评判或者自责。

（7）如果你觉得有帮助的话，可以在心中默念"呼——"，或者"吸——"。不过让这默数的念头只占据注意力的很少一部分，更多的还是观照、感受呼吸本身柔和、放松地在你身体中，去感受它、觉知它。

（8）如果你觉得困倦，请再坐直些，把眼睛睁开，做几次深呼吸，然后回到正常呼吸。

（9）继续观照呼吸，分心时重新开始，直到你预定练习的时间结束。做好准备后，睁开眼或抬起目光。

3. 身体正念的训练方法

（1）在一个温暖和不被打扰的地方，躺下来，使你的身体放松，平躺在地板上的席子上，或你的床上。慢慢让你的眼睛闭上。

（2）花点时间来觉知你的呼吸和躯体的感觉。当你准备好以后，就开始注意觉知你的躯体感觉，尤其是你的身躯和床或地板接触部位的触觉或挤压的感觉。每次呼气，放松你自己，让自己一点点下沉到床或席子里。

（3）提醒你自己这个练习的意图。它的目的不是获得不同的感受，不是放松或者平静。这些感受可能发生也可能不发生。事实上，这个练习的意图在于，随着你依次注意躯体的各个部位，尽最大可能让自己觉知你所发觉的各种感觉。

（4）现在将你的注意力关注于下腹部的躯体感觉上，在你吸气和呼气时，觉知小腹部的感觉的变化模式。随着你的呼吸，花几分钟来体验这些感受。

（5）在觉知腹部之后，就将觉知聚焦于你的左腿，进入左脚，依次关注于左脚的每一个脚趾，逐步好奇地去体验你察觉到的每一种感觉，可能你就会发现脚趾之间的接触，麻麻的、暖暖的，或者没有什么特殊的感觉。

（6）当你准备好后，在吸气时感觉或想象一股气进入肺部，然后进入腹部，进入左腿，左脚，然后从左脚的脚趾出来。然后呼气时，感觉或想象气体反方向移动：从左脚进来，进入左腿，通过腹部，胸腔，然后从鼻腔出去。尽可能继续练几次这种呼吸，呼吸向下到达脚趾，然后从脚趾回来。可能这样做很难掌握，但请记得你只是尽可能地做，放松地做，充满乐趣地进行。

（7）现在，当你准备好的时候，在呼气的时候，释放对脚趾的觉知，带领你的意识去感知你的左脚底部——温柔地探索性地觉知脚底、脚背、脚跟（如，注意脚跟和席子或床接触地方的感觉）。伴随呼吸的感觉——类似前面所提到的情形中觉知到呼吸，探索脚的感觉。

（8）现在，允许觉知扩展到脚的其他部位——脚踝、脚趾头以及骨头和关节。然后，进行一次稍微更深度地呼吸，指引它往下进入到整个左脚，随着呼气，完全放开左脚，让觉知的焦点转移到左腿——依次为小腿、皮肤、膝盖等等。

（9）继续依次带领觉知和好奇心来探索躯体的其他部位——左腿上部、右脚趾、右脚、右腿、骨盆、后背、腹部、胸部、手指、手臂、肩膀、脖子、头部和脸。在每个区域里，最好你能够带领具有同样细节水平的意识和好奇心探索当前的躯体感觉。当你离开每一个主要区域时，在吸气时把气吸入这个部位，在呼气时放开。

（10）当你觉知到紧张或躯体某个部位的其他紧张感时，你能够对着它们"吸气"——逐步地吸气，觉知这种感觉，尽你最大可能，在呼气时，感觉让它们放开或放松。

（11）你的心理会不可避免地从呼吸和躯体不断地游移到其他地方去。这是完全正常的。这就是心理的所为，当你注意到这种情况时，逐步地认识它，注意心理刚才的走向，然后，逐步地把你的注意转回到你打算注意的躯体部位。

（12）在你以这样的方式"扫描"全身后，花几分钟把躯体作为整体觉知一下，觉知呼吸在体内自由进出的感觉。然后，慢慢睁开眼。

（13）如果你发现自己昏昏欲睡，用枕头垫高你的头、张开你的眼睛或者坐着进行练习而不是躺着，可能会好一点。

4．声音正念与思维正念的训练方法

（1）练习呼吸正念和身体正念，正如前面所讲的那样，直到你感觉相当的稳定。

（2）然后把注意力转移到周围的声音。声音有远有近，有些悦耳，有些刺耳，无论是什么声音，都只是响起又消失，无论是舒心的声音还是嘈杂的声音，

你都要注意到，然后放下。

（3）没有必要去寻找声音或者听某一种特定的声音。而是，尽你所能，使你的意识开放，以使你自己变得善于接纳从各个方向随时传来的被觉知到的声音——远处的、近处的、前面的、后面的、某一侧的、上面或者下面的。对你周围的所有空间保持开放。注意那些显而易见的声音和那些更微弱一些的声音，注意声音与声音之间的空间，注意沉默。

（4）尽你所能，将声音视为一种感觉。你无须采取任何措施，你可以毫不费力地听见这些声音，但你不必有所回应，也不必评价、操控或者制止这些声音。你甚至不必明白、说出什么声音，试试你能否听到一个声音，却不说是什么声音或不进行重复。

（5）当你发现自己在思考这些声音时，尽你所能将其与直观的感觉特性（声调、音色、响度和持续时间）重新建立联系，而不是它们的意思和暗示。

（6）只要发现你的意念没有集中在声音上，就要温和地承认它转移到了什么地方，然后重新收回注意力，使其重新关注声音的发生与消失。

（7）然后，在你将注意力集中到声音上并持续四五分钟后，停止对声音的关注，转入思维正念的训练。

（8）当你准备好以后，把注意力从你对声音的外部体验转移到你的内心思维上来。我们的思维也许是一些图像、语句，或者是一些回忆、想象或者计划，当你捕捉到它之后，可以尝试去标示这些念头，比如："想法，想法"、"想象，想象"、"回忆，回忆"……就这样，当你有意地去觉知与标示这些念头的时候，它们就会像尘雾一样消融在你觉知的阳光中。

（9）观察你的思维涌起和消失，就像观察天空中的云彩一样。注意它们什么时候出现，观察它们在意识之中的逗留过程。最后，看你能不能发觉想法什么时候消失。不要强迫自己产生什么思维，也不要强迫所产生的思维消失。尽力在你自己和你的思维之间创造一个距离、一个空间，看看会有什么结果。如果某种思维突然消失，看看你是否能平和地处之。

（10）有些人发现用如下的方法可以有助于他们将自己的意识集中在想法上：设想自己正在电影院看电影，将想法投射到银幕上，以这种方式关注想法在意识之中的存在情况——你坐着静静观察，等待一个想法或影像的出现。当它出现以后，你便给予关注，并且只要它在"银幕"上，就一直关注。当它消失时，你要不加干预，顺其自然。注意你是否被卷入戏剧场景，登上了电影银幕。注意到这种情形时，庆祝自己的这一发现，然后重新返回自己的座位，耐心等待下一批思维登台——下一幕一定会上演。

（11）观察思维的第三种方法就是，想象你正坐在一条河的岸边。当你坐在那里，树叶从河面飘过，不断地有树叶漂过。把你的每一种思维放在每一片经过你身边的叶子上。静静地坐着，观察树叶飘过。

（12）如果某个念头确实很强烈，可能它会一直在那里浮现，不容易消散，那就请你一直保持旁观者的觉察去标示它，而后这个念头就会逐渐减弱，直到它最终消失。

（13）你可以简单地以呼吸作为观照的中心，如果各种感受纷繁复杂，此起彼伏，那就将注意力尽可能回到呼吸上，如果某些感受、念头或者情绪确实太过强烈，让你无法忽视，那就去觉察它，标示它，保持对它的觉知。但在觉知的同时，保持开放、接纳的心态，不要有任何分辨和评判，直到它最终消失，而后再次回到你的呼吸上来。

（14）就这样，带着精微的觉知去观照呼吸，或者去觉察、感知和标示当下出现的强烈的感受或念头。不必刻意去改变什么，只是温和而精微地去感知、觉察和标示。

（15）就这样，直到你预定练习的时间结束。

5. 情绪正念的训练方法

（1）练习呼吸正念和身体正念，正如前面所讲的那样，直到你感觉相当的稳定。

（2）然后观察自己大脑中的感觉基调。你的大脑是平静祥和，还是焦躁无聊，你是感到幸福、悲伤还是不喜不悲？看你能否在呼吸时开放地对待情绪。

（3）当你跟随着自己的呼吸时，要留心显著的情绪。如果感觉让你不能集中精力于呼吸时，就将其作为禅修的对象，给它贴个标签，比如，"焦虑，焦虑"、"愤怒，愤怒"、"烦躁，烦躁"、"悲伤，悲伤"……而后尝试体察，看你在觉知它时，这些情绪会有什么变化，是持续一段时间？还是变得更加强烈？或者会逐渐消失？保持对情绪的觉知和观察，不管它最终消失或是始终存在，最终都将你的注意力再牵引回来，去观照下一轮呼吸。

（4）你也可以试着定位那些情绪在身体的部位，这种情绪是从你身体的哪个部位涌起的？你伴随的身体感觉如何？你紧张得心脏狂跳吗？你肌肉发紧、肩膀耸起吗？在定位了情绪在身体的位置之后，例如你发现焦虑让你的腹部有不适感，试着去看看身体其他部位有没有紧张感。例如，肩膀是否因为腹部的感觉而本能地耸起？如果有，就有意识地去放松。

（5）如果发现自己做了个多余的评判（如"我有这种感觉真是疯了"）、责骂，提醒自己出现任何感觉都是正常的，并重新回到当下直接的体验：我现在感觉如何？感觉的本质如何？我的身体有何感觉？

（6）记住，无论我们正在感受的情绪是积极还是消极的，我们只需要集中注意力去感受。如果你感觉被情绪淹没，就通过呼吸正念和身体正念把注意力留在身体上，这会帮助你回到当下。当你感觉安全之后，重新去探索情绪。

（7）就这样，直到你预定练习的时间结束。

6. 行走正念

（1）选择一条你可以来回走动的小路（室内或者室外），这个地点必须安全——不会感到别人在用怪异的眼光看着你（甚至包括你自己也不会觉得正在做奇怪的事）。

（2）站在小路的一端，双脚分开，与肩同宽，双膝放松可以自由地弯曲。双臂松弛地放在身体两侧，也可以双手交叉放于胸前或者身后。两眼直视前方。

（3）把全身的注意力都放在双脚上面，感受脚掌与地面接触的直观感觉，以及全身的重量通过双膝和双脚传递到地面的感觉。你或许会发现让膝盖稍稍弯曲几次能够更好地体验到脚掌和腿部的感觉。

（4）轻轻地抬起左脚脚后跟，注意小腿肚肌肉感觉的变化，然后继续抬起整只左脚，把全身的重量转移到右腿上。全神贯注地觉察左腿和左脚向前迈进的感觉，以及左脚脚后跟着地的感觉。脚步不必迈得太大，自然的一步就可以了。让左脚的其他部分也完全着地，继续抬起右脚脚后跟，体会全身重量落到左腿和左脚的感觉。

（5）当体重全部转移到左腿之后，把右脚抬起向前迈进，觉察右脚和右腿在感觉上的变化。当右脚脚后跟着地的时候，把注意力集中到右脚。随着右脚掌完全着地，左脚脚后跟微微抬起，身体的重量又全部落到了右脚上。

（6）通过这种方式，一步一步地从小路的一头走到另一头，要特别注意脚底板和脚后跟与地面接触时的感觉，还有两腿在迈动时肌肉拉动的感觉。你还可以把觉察扩展到其他你所关心的部位，比如关注行走过程中呼吸的变化，呼气和吸气分别是如何进行的，有什么感觉。你的觉察还可以容纳整个身体的感觉，包括行走和呼吸，以及每走一步脚和腿的感觉变化。

（7）当你走到小路的尽头时，请静止站立一会儿；然后慢慢转过身，用心去觉察转身时身体的复杂动作，然后继续正念式行走。随着脚步的前进，你还能不时地欣赏到映入眼帘的风景。

（8）以这种方式来回走动，尽量对每时每刻行走中的体验保持完全的觉察，包括脚和腿的感觉，以及脚接触地面的感觉。保持目光直视前方。

（9）当你发现思维从行走的觉察中游离时，请把行走中的某一个步骤作为注意的客体重新进行关注，利用它将你的思绪拉回到身体以及行走上来。如果你的思绪非常焦躁，那么静止站立一会儿，双脚分开与肩同宽，把呼吸和身体作为一个整体进行觉察，直到思维和身体都慢慢平静下来。然后继续进行正念式行走。

（10）持续行走 10～15 分钟，也可以根据你自己的意愿多走一会儿。

（11）一开始请走得比平时慢一些，让自己能够更好地去觉察行走时的感觉。一旦你掌握了这种行走的方式，就可以稍稍加快步幅，但是不要超过正常行走的步幅。如果你内心感到特别焦躁，那么一开始可以走得快一点，然后再慢慢地放慢速度。

（12）记住在行走的过程中要注意：你不需要盯着自己的脚，它们知道路在哪里；你要用感觉去体会它们的存在。

（13）在你平常走路的时候，也尽量采用冥想时行走的方式。如果你是一个慢跑运动员，当然也可以把类似正念式行走的注意方式带到奔跑的每一步、每一刻、每一次呼吸中去。

7. 饮食正念（吃一粒葡萄干）

（1）首先，拿起一粒葡萄干，将它放到你的手掌上或者夹在拇指与其他手指之间。注意观察它，想象自己是从火星来的，以前从来没有见过这个物体。

从容地观察；仔细地全神贯注地盯着这粒葡萄干。

（2）让你的眼睛探索它的每一个细节，关注突出的特点，比如色泽、凹陷的坑、褶皱、凸起以及其他不同寻常的特征。在你做这些时，像这样的（"我们在做多奇怪的事情呀"或者"这么做的目的是什么"或者"我不喜欢这么做"）想法，只是注意到这些想法的存在就行了，将你的注意力慢慢地拉回来继续放到这个物体上。

（3）把葡萄干拿在指间把玩，在你的手指间把它转过来，感受它的质地，还可以闭上眼睛以增强触觉的灵敏度。

（4）把葡萄干放在鼻子下面，在每次吸气的时候吸入它散发出来的芳香，注意在你闻味的时候，嘴巴和胃有没有产生任何有趣的感觉。

（5）现在慢慢地把葡萄干放到你嘴边，注意到你的手和胳膊如何精确地知道要把它放在什么位置。轻轻地把它放到嘴里，不要咀嚼，首先注意一下它在嘴里面的感觉，用舌头去探索。

（6）当你准备好咀嚼它的时候，注意一下应该如何以及从哪里开始咀嚼。然后，有意识地咬一到两口，看看会发生什么，体会随着你每一次的咀嚼它所产生的味道的变化。不要吞咽下去，注意嘴巴里面纯粹的味道和质地，并且时刻留心，随着葡萄干这个物体本身的变化，它的味道和质地会有什么样的改变。

（7）当你认为可以吞咽下葡萄干的时候，看看自己能不能在第一时间觉察到吞咽意向，即使只是你吞咽之前有意识的体验。

（8）最后，看看葡萄干进入你的胃之后，还剩下什么感觉。然后体会一下在完成了这次全神贯注的品尝练习后，全身有什么感觉。

二、非正式的正念禅修方法

（一）正念地站立

（1）靠近一棵树，以树姿站立着（最好赤脚），寂然不动；感觉你的足部长出根，往地底延伸；感觉你的身体轻摇，一如它向来如此，像树木在风中摇曳；留在原处不动，与出入息联系着，啜饮你面前的一切；也可闭上双眼并感受周遭环境，感觉离你最近的树，聆听它，感觉它的存在，用身与心探触它。

（2）利用出入息帮助你停留在此时此刻……感觉自己身体的站立、出入息、存在，一时又一刻。

（3）当心和身开始暗示自己该继续向前了，尽量以这样的姿势再站久一点，记着这些树都站立许多年了，幸运的话，也都经历好几个人生了。看看它们能否给你启发，了解寂静和联系的意涵，毕竟，它们用树根和树干联系大地，用树干和树枝联系空气，用树叶联系阳光和风，站立之树的每一部分都诉说着联系。

（4）自己试验一下这样站着，短时间也成，努力与皮肤上的空气联系起来，与脚板接触大地的感觉、世界的声音、光影色彩的舞动、心的舞动都联系起来。

（5）这种方式可以推广到日常生活中，在河畔、客厅或等车的时候，你就可以像树木一样站立着，让觉知回到自己的呼吸或躯体感受上；独处时，你可以对着天空打开手掌，以不同的姿势伸出手臂，像树枝，也像树叶，易于亲近，开放，接纳，耐心。

（二）正念地卧

（1）头下垫上枕头，右侧而卧，右手曲肘，枕于头下，或者托住右侧的脸，手不要蒙住耳朵，四个手指放在耳门旁，大拇指轻轻按在耳根后面。如果觉得这样压着右肘或者右手会发麻而不舒服，就不压住，而直接放在头前。左手顺着腿下伸，手掌放在臀部以下的腿上，左腿自然伸直，放在右腿之上，右腿适当弯曲，两条腿要稍微错开一些，以免两个膝盖和脚踝处完全重合在一起而不舒服。

（2）舌抵上腭，口齿轻闭，眼睛自然闭上，然后观照呼吸或躯体感受。如有妄念生起，即可拉回到呼吸或躯体感受上。观照一段时间后，身体可能会因为放松而生困顿之意，然后自然入睡。若睡过去了就趁势睡觉。在禅修中入眠，可能会得到更充分的休息。你也可以以同样的方式从睡眠中醒来：在苏醒过来的第一刻，带着全然的觉知。

（3）卧禅也是感知情绪的好方法。当我们专注于心脏的部位，转换到胸腔收缩的感觉，或紧、或重的觉受，注意觉察藏在这些生理觉受之下的情绪，如忧伤、悲哀、孤独、绝望或愤怒。我们常说心碎，铁石心肠或心情沉重，因为在我们的文化中，心是所有情绪的基座，心也是爱、喜悦、慈悲的基座，一旦发现这些情绪，就去尊重它、观照它和接纳它。

（4）练习卧禅的时间可以选择在晚上睡前以及午睡前。

（三）正念地看电影

（1）邀请一位朋友或者家人与你一起去看场电影。但是，这次看电影要有所变化。按预定时间去看（如晚上7点），赶到电影院之后再选择影片。

（2）在去电影院之前，留意你脑海中出现了哪些想法（例如，"我没有娱乐时间，"或者"如果我一点儿也不喜欢那部电影怎么办？"），你可以把这些想法称为"训练干涉想法"——它们会削弱你采取行动的热情。它们是日常生活中真正的"陷阱"，妨碍你采取行动的愿望，而这些行动有可能会以某种重要的方式滋养你的生活。

（3）当你走进电影院，要彻底将这些想法抛到脑后，全身心地去欣赏电影。并且留意头脑中出现的想法（例如，"那么难看，真是浪费时间"，"电影主人公太可怜了，这么善良还受欺负"，"旁边那个男人素质咋那么差，不专心看电影，还要影响周围的人"……），看看自己是跟着感觉走，还是可以像旁观者一样回到当下。

（四）正念地排队

（1）找个周末时间去人气较旺的超市购物，当你在排队时，如果某种因素拖延了你的进程，你是否能注意到自己的心理和生理反应。你的脑海中可能会冒出如下想法："站错了队，到另外一排队伍重新排队吧"；"真倒霉，马上就轮到我了，居然这个窗口停用了"；"这个服务员态度那么差，动作那么慢，领导真该开除他"……

（2）这时，你应该检查一下你的内心状况，明确你目前所处的心理状态。花点时间询问自己：①我的脑海中正在发生什么？②我的身体中有什么感觉？③我注意到了什么情绪反应和冲动？

（3）如果你发现自己被"抓紧时间"的欲望所驱使，因为发现事情比你预计的进展缓慢而沮丧，说明你很有可能处于自动反应的"行动"模式之中。这时，把注意力集中到呼吸或者躯体感受的观照上来吧。

提请注意，非正式的正念禅修方法目前非常多，有兴趣的读者可参阅《与自己和解：用禅的智慧治疗神经症》。

正念禅修疗愈身心的实践

关注内在和外在的事物,我们就能以智慧来应对。

——西尔维娅·波尔斯坦

心绪就像大海,无论海面是风平浪静还是波涛汹涌,大海深处都是安宁平静的。从大海深处,可以看向海面,只是关注着海面的活动,正如从内心深处,可以看向心中的所有活动——思想、情绪、感觉和记忆。

——丹·西格尔

一、正念禅修的适用范围

鉴于大量的研究证据的出现,正念禅修在世界各地得到了广泛的应用,例如,美国有医生向慢性疼痛、失眠和免疫缺陷患者推荐正念禅修;至少有12个州的公立和私立学校对学生开放正念训练课程;正念对患注意缺陷多动障碍的成人和儿童皆有帮助;精神病学专家将正念禅修作为治疗的一部分,尤其针对焦虑、抑郁和强迫症患者。如今正念禅修的研究已推广到了:减轻老年痴呆症护理人员的压力、延缓慢性背痛、缓解哮喘和降低血压。

我们已在临床开展正念禅修十余年,发现除急性重性精神疾病、重症躯体疾病患者之外,正念禅修适用范围广泛,主要有以下方面的作用:

1. **普通健康人群和"高压力"人群的修身养性**
2. **心理/精神问题的疗愈**

(1)青少年期的心理/精神问题,如学习困难、多动、注意力不集中、睡眠相关问题(夜惊、睡行症、梦魇、遗尿)、情绪问题、品行问题、恋爱问题等。

(2)成人期的心理/精神问题,如各种类型的焦虑症和恐惧症、抑郁症、神经衰弱、强迫症、癔症以及人际问题和恋爱婚姻家庭问题(如失恋、家庭矛盾、婚姻危机、性功能及性心理障碍、子女教育问题)等。

（3）戒烟、戒酒、戒网络成瘾等。

（4）焦虑性人格、冲动性人格、抑郁性人格、表演性人格、强迫性人格、偏执性人格、依赖性人格、被动攻击性人格、自恋性人格等人格障碍。

3. 躯体疾病的疗愈

（1）反复就诊于临床各科（比如神经科、消化科、心内科、中医科），但做各种检查找不到原因，或躯体疾病难以解释临床不适或长期使用药物治疗疗效不理想者。

（2）各种心身疾病以及各种慢性躯体疾病，如高血压、冠心病、慢性胃炎、偏头痛、糖尿病、恶性肿瘤、更年期综合征、慢性疲劳综合征、睡眠障碍、性功能障碍、月经不调……

二、正念禅修的使用方式

（一）个体正念禅修

根据来访个体的健康状况、心理需求、人格特点等，个性化选择与安排正念禅修的项目及顺序，每个项目的训练时间与次数也是个性化的，而且在正念禅修过程中可以很好地融入其他心理治疗方法。

（二）团体正念禅修

团体正念禅修根据团体成员的整体情况选择与安排正念禅修的项目及顺序，具有可以相互交流心得和相互学习、取得其他团体成员的情感支持、接洽现实环境等优点。此外，每天还可安排适当时间让团体成员与治疗师间进行一对一的交流。对于减轻压力、处理人际关系问题、相似疾病的康复，团体正念禅修具有优势。我们已在部分心理障碍人群、慢性病人群、"高压力"人群中成功地尝试了团体正念禅修，收效颇佳。

需要注意的是，团体人数不可太多，最好控制在20人以下。

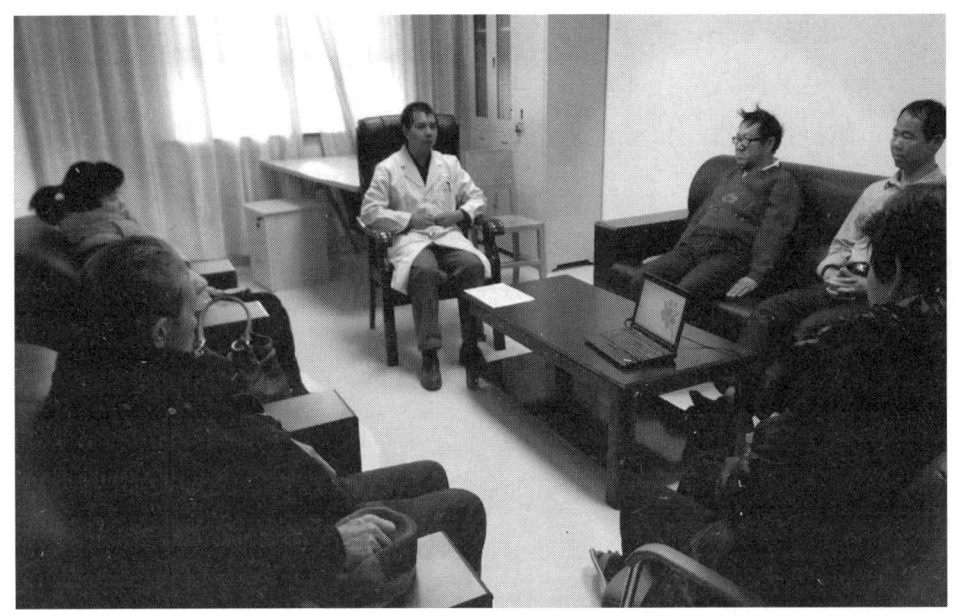

团体正念禅修训练：讲授正念禅修的理论知识

团体正念禅修训练：呼吸正念训练

第六章 正念禅修及其在减压和疗愈疾病中的应用

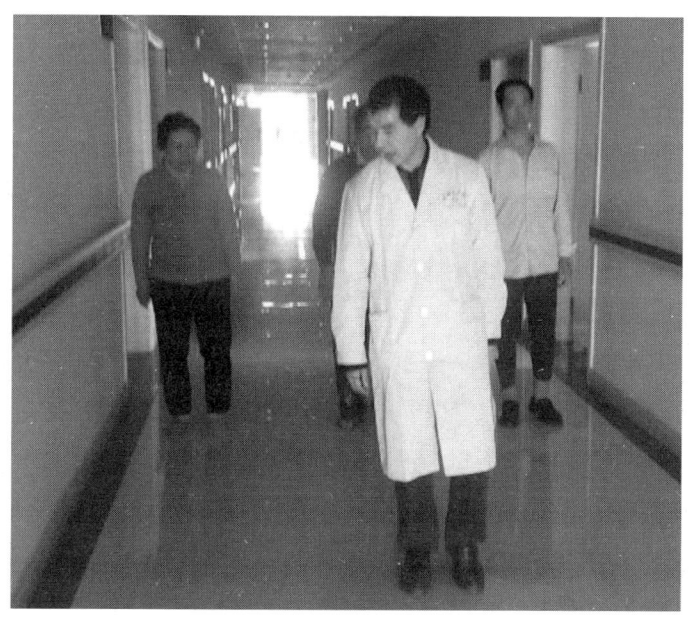

团体正念禅修训练：行走正念训练

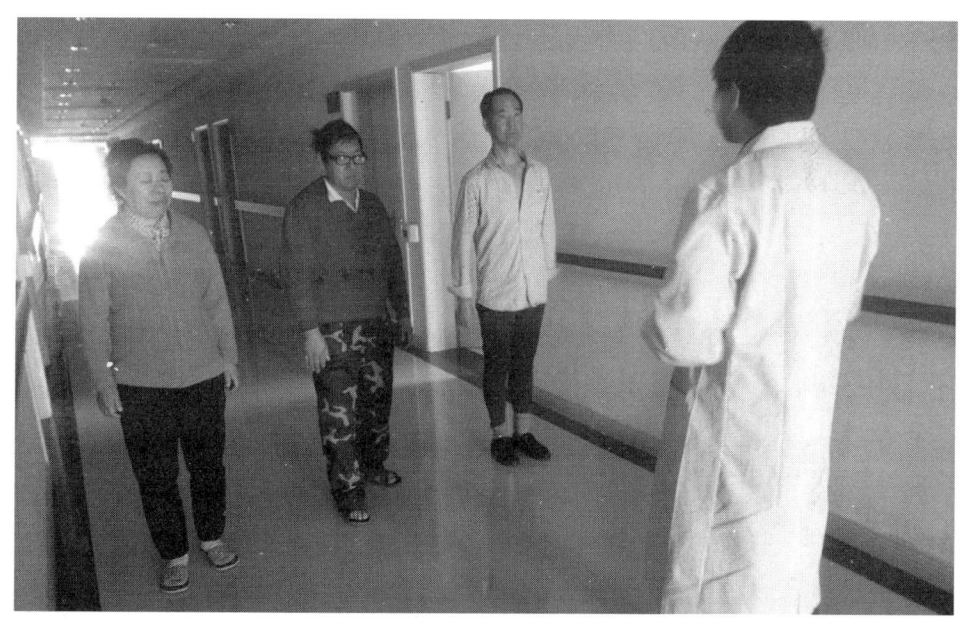

团体正念禅修训练：讲授行走正念的动作要领

团体正念禅修：声音正念和思维正念的训练

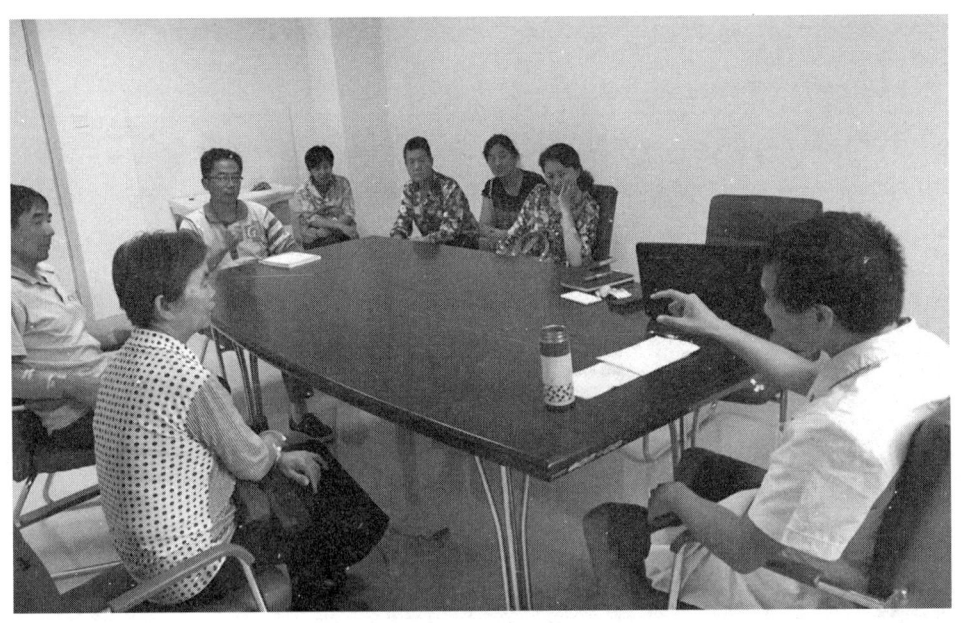

团体正念训练：正念禅修的心得交流

团体正念禅修训练：情绪正念的训练

（三）通信正念禅修

用通信的方式进行正念禅修和指导，针对时间不容许、两地距离太远的正念禅修者，可以采用通信的方式进行正念禅修训练，最好在有了个体正念禅修或集体正念禅修的基础后进行。将每天的正念禅修内容及心得收集起来，进行整理，用通信的方式，请治疗师/老师指导，发电子邮件、QQ留言、微信消息等都可以。

（四）日常正念禅修

每周1~2次，也可以每天1次，每次20分钟以上，场所不限，车子里、电影院、超市等地方都可以，最好在有了个体正念禅修或集体正念禅修的基础后进行，主要用于维持正念禅修的效果。

三、内观认知疗法治疗抑郁症的临床总结

内观认知疗法（MBCT）是以正念训练为核心技术或者以正念训练为基础的心理治疗方法，已被广泛运用于慢性、严重性疾病患者的情绪调节，情绪障碍患者的治疗，以及普通人的压力缓解中，并获得大量实证研究支持。我们近年系统地研究了内观认知疗法治疗抑郁症的临床疗效，其中的一项研究结果如下：

(一) 对象与方法

1. 研究对象

2012年7月至2013年12月就诊于浙江省台州医院及台州市中心医院精神/心理卫生科的门诊患者。入选标准：

①年龄 18～65 岁；

②轻、中度抑郁症患者（HAMD 评分：18 分 ≤ X < 35 分）；

③生命体征平稳，神志清楚，有一定表达能力；

④基线的 HAMD 与筛查时比较，减分率 <25%；

⑤签订知情同意书，同意参加本次研究。

同时符合上述五项者，方可入选。

排除标准：

①患有继发抑郁症的躯体疾病；

②生命体征不稳定者；

③严重失语、失认，无法沟通者；

④属于重度抑郁发作者；

⑤已知的酗酒或物质依赖者；

⑥试验期间同时使用其他治疗抑郁症的药物或疗法；

⑦有严重自杀倾向者（HAMD 量表第三项 ≥ 3 分者）；

⑧试验前 1 个月内曾进行抗抑郁治疗者；

⑨肝肾功能严重不全者；

⑩孕期、哺乳期妇女。

符合上述其中一项者，即予排除。

中止和撤出临床研究的标准：

①不能坚持治疗，要求退出者；

②出现严重不良反应的患者；

③研究过程中出现严重的其他并发疾病者；

④病情加重，必须采取紧急措施者。

病例选择采用连续病例，于研究启动开始，入选 81 例符合研究标准的患者；入选病例进行何种治疗按照随机、盲法的方法分配。A 组进行内观认知治疗，共 43 例，B 组进行氟西汀胶囊治疗，共 38 例；A 组脱落 13 例，实际完成研究 30 例，其中男 14 例，女 16 例；B 组脱落 8 例，实际完成研究 30 例，其中男 10 例，女 20 例。脱落病例未计入研究结果。分组治疗基线情况见表一。

表一　分组治疗基线情况

分组	男性（例）	女性（例）	年龄（岁）	HAMD 总分
A 组（内观认知治疗组）	14	16	28.47 ± 10.32	23.47 ± 4.15
B 组（药物治疗组）	10	20	33.17 ± 11.11	22.27 ± 3.57

2. 方法

（1）治疗方案

A 组实施内观认知治疗。治疗严格遵循心理治疗原则，会面安排在独立、安静、适宜的诊室中进行。内观认知疗法一共分为 8 周进行（具体安排见表二），患者每周与心理治疗师会面 1 次，会面后将治疗中所用的资料复印给患者，并布置一周的家庭作业，患者每天按要求完成家庭作业。B 组口服盐酸氟西汀胶囊（百忧解）治疗，剂量为 20 mg/d，观察 8 周。关于合并用药与治疗：整个试验期间允许合并使用原躯体疾病的药物，应尽量保持用药种类和剂量不变；整个研究期间不允许合并使用其他任何抗精神病药、抗抑郁药、心境稳定剂、镇静安眠药物；除心理支持外，整个研究期间禁用其他系统心理治疗方法。

表二　内观认知心理治疗的具体安排

治疗时间	日程安排
第 1 周	葡萄干练习（简短的冥想练习），内观身体。
第 2 周	内观身体，想法和感受练习，内观呼吸。
第 3 周	内观呼吸，3 分钟的呼吸空间，内观散步。
第 4 周	内观静坐冥想，3 分钟的呼吸空间，阅读主题书籍 – 活在当下。
第 5 周	内观静坐冥想，3 分钟的呼吸空间，观看相关影视作品。
第 6 周	内观静坐冥想，情绪、想法和观点选择练习。
第 7 周	内观静坐冥想，制订系列令人愉悦和能掌控的活动并计划安排。
第 8 周	内观身体，在总结性的思考中结束本次治疗。

（2）观察和评价

病情观察和评价由两名主治医师以上职称的专科医师共同独立进行。

观察和评价方法：观察和评价过程中运用盲法原则，即治疗人员、评分人员和统计人员在临床研究中均互相独立。观察和评价的指标与周期：疗效性指标：①HAMD 量表分，分数越高，症状越重；②HAMD 量表减分率，HAMD 减分率＝（疗前评分－疗后评分）/ 疗前评分 ×100%，分别于试验开始时及试验开始后第 2、4、6、8 周时进行量表评分；疗效标准：临床控制：减分率≥ 80%。

（3）统计分析

由专人负责所有数据的统计学处理。所有数据应用 SPSS13.0 统计软件包处理。

（二）结果

治疗 8 周末，A 组 HAMD 总分（7.20 ± 2.605）分，临床控制率为 13.33%；B 组 HAMD 总分（7.77 ± 1.870）分，临床控制率为 16.67%。经 T 检验，两组在各评估周期的 HAMD 评分比较没有显著性差异（见表三）；C2 检验显示两组临床控制率无显著性差异（见表四）。

表三　两组治疗前后 HAMD 评分比较（$\bar{x} \pm s$）

组别	例数	进行治疗前	治疗 2 周	治疗 4 周	治疗 6 周	治疗 8 周
A 组	30	22.27 ± 3.571	19.00 ± 3.833	14.57 ± 4.232	10.43 ± 3.645	7.20 ± 2.605
B 组	30	23.47 ± 4.150	18.83 ± 4.426	13.57 ± 4.191	9.57 ± 2.674	7.77 ± 1.870
T		−1.200	0.156	9.20	1.05	−0.968
P		0.235	0.877	0.362	0.298	0.337

表四　两组治疗 8 周末临床控制率（%）的比较

组别	例数	临床控制率	C2	P
A 组	30	13.33	−0.359	0.720
B 组	30	16.67		

三、结论与讨论

WHO 指出，21 世纪人类面对的最大疾患是精神疾病，而抑郁症是其中的重点，并认为抑郁症大规模爆发的危险率为 15% ~ 20%。因此，抑郁症的有效防治工作已成为社会和医学界广为关注、迫在眉睫需要解决的热点问题。值得注意的是，传统抗抑郁药有许多副作用，部分病人很难坚持长期服用，比如孕妇，禁用或慎用这类药物；新的抗抑郁药的疗效亦不肯定，停药后复发率仍很高，经常需要进行长期维持治疗。而与此同时，东方禅学中的"正念禅修"，在西方的行为医学（Behavioral medicine）及临床心理干预中被广泛地运用起来。过去十多年间，以正念为基础的各种疗法，已被应用于治疗品行障碍、网络成瘾障碍、精神分裂症（康复期）等多种精神障碍，而且能够维护和促进大学生群体的心理健康水平，很可能是一种适合当代国人的心理保健法。

本研究结果提示，对于轻中度抑郁症患者，MBCT 可以取得和药物治疗基本一致的治疗效果，相对而言，免去了药物不良反应的可能，更加安全、可靠，而且个体可获得更多的成长。

四、正念禅修疗愈身心的案例

（一）失眠症、人格障碍患者的正念禅修

1. 临床特点

魏某，女，56 岁，大专文化，退休教师，性格开朗，2014 年 11 月初诊，患失眠症 5 年余。

来访者自 50 岁退休以来，间断性睡眠不好，睡眠较浅，容易惊醒，多梦，认为只要自己心情好睡眠也好，心情差睡眠也差。曾两次因"失眠"住心身科治疗，每次住院用药的效果都很好，但出院后一停药就又出现失眠问题。服用西药舒乐安定、帕罗西汀、曲唑酮等治疗，睡眠时好时坏。目前已 2 周未服用药物，认为尽管失眠，但尚能忍受。否认持续的情绪低落、紧张害怕，自己烦恼的主要原因是夫妻吵架，想离婚又离不了；恨母亲，但还得独自照顾母亲（弟弟妹妹全在外地）；已成年的儿子对自己不好，很少来看自己，也不会主动给自己打电话，有时还骂自己"下贱"。

否认重大的躯体疾病史及家族精神病史。已于两年前停经。

精神检查：打扮入时，意识清晰，定向完整，仪表整洁，交谈合作，表情自然，不断述说自己的不幸（主要内容与自己母亲和现在的丈夫有关），要求医

生耐心地听，情感反应协调，未引出听幻觉和被害妄想等精神病性症状，自知力充分。

症状自评量表（SCL-90）检查显示：人际关系敏感、偏执、敌对等3个量表分中度，躯体化、强迫、焦虑等3个量表分中度，躯体化、强迫、焦虑等3个量表分轻度，心理健康测查（PHI）提示癔症性人格、社会失效者、存在家庭问题。

2. 成长经历

患者自述在家排行老大，下有一弟一妹。自幼年能记事开始，就觉得母亲对自己不好，母亲个性较强，有时会"羞辱"她，骂她"不要脸"，患者自述自己必须看母亲的脸色行事，放学回家还要干家务，帮助照顾弟弟和妹妹。父亲长期在外，跟母亲关系不好，很少回家，回家时两人经常吵架，但父亲对患者自己不错，会带她去玩，给她买东西，只要向父亲提出要求，基本上都能得到满足。

在她18岁时母亲因怀疑父亲有外遇而离异，父亲独自回河南老家，两年后重组家庭，尽管觉得父母离异的主要原因在母亲，但在心底还是恨父亲，觉得他不负责任，此后也很少联系。

22岁时结婚，育有一子，夫妻关系开始时曾不错。但母亲对女婿不满意，不断怂恿她与丈夫离婚，并扬言说"如果不离婚，就断绝母女关系"，母亲还会在女婿面前说女儿的坏话。在这种情况下，夫妻间不时产生摩擦，并在30岁时开始分居。36岁时离婚，与母亲和儿子同住，期间相过几次对象，由于各种原因没成功。

45岁时经人介绍与一退休医生认识，该医生比她大13岁，育有一女，性格内向，"小毛病"较多，如不干家务，不会照顾人，但收入不错，而且她母亲觉得满意。46岁时再婚，婚后不到3年，夫妻也开始产生摩擦，患者觉得丈夫的懒还是可以忍受，但他患有肛漏和前列腺问题，还不注意个人卫生，导致她患上妇科病；更让人难以忍受的是，她性格外向，喜欢跳舞，但丈夫不喜欢她外出，只要她单独出去，回家后必定要发生争吵；有时丈夫还会对着窗外骂她，什么难听的话都骂得出，这时母亲又在其中作梗，跟丈夫说她以前做过妓女。就这样，不出家门自己心里憋得难受，出去后回家就是大吵大闹，想离婚但又下不了决心。退休后除照顾母亲外，无所事事。

3. 诊断

失眠症，人格障碍。

4. 病例分析及治疗经过

来访者的临床症状相对简单，但个人成长过程较为复杂，童年时与母亲及父亲的关系问题影响了其日后的人生。因此，与自己"内在的父母""和解"是治疗的重要一环，药物是不可能解决这方面问题的，经过协商与讨论，来访者同意进行正念禅修治疗。

第1次治疗：介绍正念的理论及治疗方法，并开始训练呼吸正念，要求其回去后每天训练2次，每次至少10分钟，1周后复诊。

第2次治疗：来访者说过去的1周在照顾母亲，"看到她就烦"，但呼吸正念能让自己心情相对平静，在训练过程中也能把游离的思绪拉回到呼吸，只是很吃惊，自己居然有那么多念头。在对来访者进行鼓励和解释后，进行了行走正念训练，嘱其回家后每天至少训练1次；嘱其继续呼吸正念并尽可能延长训练的时间，1周后复诊。

第3次治疗：来访者行走正念和呼吸正念进行得比较顺利，"看到母亲心烦时，就做呼吸正念"，"还挺管用的"，表达了对治疗的信心。接下来在呼吸正念训练的基础上加入了身体正念的训练，嘱其每天至少训练2次，每次至少20分钟，1周后复诊。

第4次治疗：来访者这周回家住了3天，看到家里乱，故与丈夫争吵了几句就回母亲那里了。她觉得身体正念特别有用，以前生气、争吵、劳累之后除出现睡眠问题之外，还会出现头痛、疲劳、心慌、腹胀等症状，现在做完身体正念就有效。现在有个担心：有时做正念禅修时好像出现了恍惚的感觉，怕自己会因此得精神病。在给予安慰和解释之后，患者表示放心，接着进行了饮食正念训练，隔天1次，行走正念也是隔天1次，继续呼吸正念和身体正念，1周后复诊。

第5次治疗：来访者觉得自己本周情况稳定，未见失眠和躯体不适，修习正念时也没出现恍惚的现象，但看到母亲仍是烦，看到丈夫依然有种厌恶感。这次就诊没有进行太多交流，在呼吸正念和身体正念的基础上加入声音正念和思维正念训练，1周后复诊。

第6次治疗：来访者本周住自己家，家里事太多，心烦，自述声音正念和思维正念做起来有难度，发现"自己居然对声音是如此敏感"，"头脑中的不自主的思维比较多，主要还是与母亲、丈夫有关"。本次未布置新的任务，继续前述练习，1周后复诊。

第7次治疗：来访者述目前正念已修得比较顺利，本周与丈夫相处没有吵架，还一起去了趟超市，自己买了件衣服而丈夫也没说啥（以前只要自己穿上艳丽点的衣服总会被讽刺），"心里感觉挺好的"，发现自己"似乎挺在乎丈夫的意见的"。给予她肯定的评价后，开始在前述正念练习的基础上融入情绪正念的训练，每天至少2次，每次至少30分钟，2周后复诊。

第8次治疗：来访者述现在能及时识别自己的念头和情绪了，"听了母亲的责骂，尽管心里仍然不舒服，但已没有以前那么痛苦了"。对丈夫的不讲卫生依然痛恨，经过协商，已分床而睡，现在对丈夫的谩骂已没有那么大的气，发现有一次丈夫骂自己而自己还笑眯眯，结果把丈夫也逗笑了。只是一个人的时候脑中不时会跑出些不好的念头，认为自己"尽管治疗有效，但根还在"。在对治疗进行了总结之后，进行了"宽恕冥想"，训练指导语如下：

（1）现在，选择合适的姿势坐好，舒服而又稳定，而后轻轻闭上眼睛，将注意力放在呼吸上。让注意力回到你的身体内，像感受清风一样感受你的呼吸，顺其自然，让你的觉知也变得更加柔和，去体察呼吸中最精微的感受。

（2）现在，在当下的安静与平和中我们来进行关于宽恕的冥想练习，感受你的呼吸、身体和心念，让你的身心随着呼吸的节奏柔和下来。

（3）首先，让我们在心中请求他人的宽恕，出于痛苦或恐惧，我们总是会产生本能的反应和对抗，我们毫不自知地被这痛苦或恐惧迷惑，并因此而伤害他人，那么此刻，让我们在心中真诚地请求宽恕。

（4）你可以跟我一起，在心中默念："如果我曾以语言、行为或心念有意无意地对别人造成过伤害，此刻，我愿意正视它、承认它，并为此而请求宽恕，请原谅我由于自我的恐惧、痛苦及无明而对你造成伤害，此刻，我以最诚挚的心请求你的宽恕。"

（5）下面，在心中面对你自己，有很多人在这个世界上对待最苛责严厉的人往往是自己，我们只有学会宽恕、包容、接纳自己，才有可能真正宽恕并接纳他人。此刻，你可以在心中轻轻默念自己的名字，让你的心柔和、放松下来。

（6）下面，请跟随我一起默念："由于痛苦、恐惧和忽视，或者由于不诚实，我也许曾以许多种方式，伤害过自己。这么多年来我并没有好好地关心、照顾你——我最亲爱的自己。此刻，我真诚地请求你的宽恕，我愿意给予你最真诚的宽恕。"

（7）让你的心尽可能柔软并接纳，你值得被宽恕，并因这宽恕打开你的心灵。曾经，我们因受到他人的伤害而痛苦，我们所经历的那些打击、拒绝和责难，让我们的心逐渐变得坚硬，但现在，我们仍然要学会宽恕，去放下心中的痛苦。

（8）那些曾经以行为、言语或是想法伤害过我的人，那些我曾经受到过的伤害，同样是出于他们的痛苦、恐惧和无明，因此，现在，我愿意像宽恕我自己一样，以我此刻所能做到的，给予他们爱、接纳和宽恕。

（9）现在，找到你心中曾经封存的伤害、拒绝以及痛苦，尝试带着善良、宽恕去打开它，看此刻的你是否能够原谅它，并将它放下。

（10）在我们与他人心中，在我们所处的这个世界中，所有生命都渴望被宽恕、慈悲及爱所包容。所以，现在，就让我们在心中找到这慈悲、爱与宽恕，并将它们传递给这世间的每一个人。

嘱患者参照着指导语，回家去分别对自己、儿子、父亲、母亲、丈夫、继女做了宽恕冥想，1周后复诊。

第9次治疗：来访者述做完宽恕冥想，内心有点空落落的，但也很平静，对跳舞已没有兴趣，与丈夫最近一周没有争吵，准备一边照顾母亲，一边在小区旁边的幼儿园找份活做，让自己的生活充实些。治疗至此结束，嘱其继续修习"正念四观"。

5. 小结

尼采在《查拉图斯特拉如是说》中说："为着夜间的安睡，必须有昼间的清醒。真的，如果生命原无意义，而我不得不选择一个谬论时，那么，我觉得这是一个最值得选择的谬论了。"该来访者的失眠即来源于内心的孤独和生活的无意义。

尽管被诊断为失眠症，但失眠症并不是治疗的核心问题。换句话说，如果不能处理其人格中的问题以及家庭关系问题，失眠是不可能治愈的。来访者以前的治疗经历即可作为教训。

类似情况在我们临床的神经症患者中非常常见，他们长期吃药，也离不开药，但往往疗效不佳或容易复发。从精神分析的角度看，患者的临床症状和不适来源于其"潜意识"，"生病"只是躯体化的表现而已，因为躯体上的症状可以起到"继发性获益"的作用。如果不能"去压抑"，这时的药物治疗获益的可能性是微小的，即使有效也是暂时的。正念禅修可以起到沟通意识和潜意识的作用，加上"宽恕冥想"，让自己潜意识中的各种成分得到"和解"与"整合"，这样，失眠就会不治而愈。

（二）焦虑症、抑郁症患者的正念禅修

1. 临床特点

齐某，女，40岁，高中文化，自由职业，2013年12月初诊。因容易疲劳、紧张3年，加重3月就诊。

患者于3年前无明显诱因下开始出现容易疲劳，做点家务都觉得累，本来经营的小店生意不错，后因为自己无力经营而转手予人。自此人变得比以前敏感，容易紧张、担心，"满脑子是不幸的思维"，如：担心丈夫开车在外出车祸；自己偶尔的胸闷、心慌就担心会否生肺癌或心脏病；晚上听到楼下有声音就怀疑是否进小偷了，经常需要去检查一番才行；睡眠差（入睡困难，易惊醒），一直在家休养，各种保健品、补品服用无数，但无效。

3个月前，平时身体硬朗的母亲突然发现患肠癌，由于操劳和担心而出现上述症状加重，经常觉得莫名的恐慌，"全身肌肉似乎都是紧绷的"，"头皮发紧，像戴着紧箍似的"。有坐不住的感觉，经常需要不停地走动，脾气变得急躁，容易发怒，不敢一人独处，怕自己会疯掉或发病死掉，白天晚上都需要有家人陪在身边，敏感胆小，听到家里手机、电话声都容易受惊吓，有种大难临头的感觉，情绪低落，经常以泪洗面，丧失各种兴趣，入睡困难，频繁地做噩梦，四肢发抖，容易分心，别人问话往往需要重复数遍，觉得自己变笨了，记忆力差（有一次做饭忘了放水导致电饭煲烧坏），月经量减少，时有轻生念头。多次内科检查，除心电图检查发现窦性心动过速之外，血生化、肿瘤标志物、甲状腺功能、心脏彩超、胸片、脑电图等检查无殊。两个月前曾服黛力新、阿普唑仑、安神补脑液等治疗，除睡眠改善外，其他症状改善不明显。

患者既往体健，否认重大内外科疾病史，已婚，育有一女。

排行第二，上有一哥，自幼被家人视为掌上明珠，多方呵护，结婚后家庭关系一般。

病前性格内向，胆小怕事，比较敏感，否认精神病家族史。

精神检查：意识清晰，定向完整，仪表整洁，交谈合作，表情紧张，说话声音发抖，主动注意能力减退，容易激动，不时搓手顿足，交谈中出现哭泣，心境低落，情感反应协调，自我感觉较差，存在强迫性怀疑，未引出听幻觉和被害妄想等精神病性症状，自知力充分。

症状自评量表（SCL-90）检查提示：躯体化、抑郁、焦虑、恐怖等4个量表分重度，人际关系敏感、强迫中度、敌对、偏执、精神病性症状等5个量表分轻度，心理健康测查（PHI）提示神经症性抑郁。

2. 诊断

广泛性焦虑障碍共病抑郁障碍。

3. 病例分析及治疗经过

来访者的临床症状比较明显，必须采取分步进行治疗，对于药物治疗和心理治疗的使用尽量做到标本兼顾。经过协商，来访者同意治疗方案。

第1次治疗：予病情解释，心理支持；药物用帕罗西汀片治疗，从每天10mg开始，4天后加至20mg，渐进性自我放松训练每日2次；运动（跑步或跳绳）每天半小时，2周后复诊。

第2次治疗：自觉情绪有好转，紧张感有所减轻，但出现便秘、胃部不适和口干等药物不良反应。药物治疗方案与前面相同，继续自我放松训练和运动，向其解释禅学智慧中的"平常心"和"随顺自然"，开始训练走路正念，每天2次，2周后复诊。

第3次治疗：自觉症状改善有6/10左右，对药物已基本适应，睡眠仍较差。

药物仍为帕罗西汀片每天 20mg，开始解释正念禅修中的"接纳"、"旁观"等理念，进行呼吸正念训练，每天 2 次，2 周后复诊。

第 4 次治疗：症状改善至 8/10 左右，述进行呼吸正念训练后，最明显的改善是睡眠，但由于经常头脑"走神"而做得"不好"，需好长时间才能回到呼吸上，头胀、身体紧绷症状依然较明显。对其进行解释和宽慰之后，开始进行呼吸正念基础上的身体正念训练，每天 2 次，每次至少 20 分钟，药物治疗方案不变，3 周后复诊。

第 5 次治疗：症状继续有所改善，述身体正念对解决躯体方面的症状有"神奇效果"，问能否停药而单纯做正念治疗。经过协商，来访者同意暂时不减药量。予解释正念禅修中的"心身关系"问题、"认同"问题、"标示"方法，并进行饮食正念以及声音正念和思维正念的训练，3 周后复诊。

第 6 次治疗：来访者述没有明显的症状，只是偶尔头脑中会不自主地跳出与疾病有关的念头，但能及时识别，已能"像看水中落叶一样看念头"了，并找了份工作在做。来访者再一次要求减药，经过协商，同意把帕罗西汀片改为每天 3/4 片，并开始进行情绪正念的训练，3 周后复诊。

第 7 次治疗：来访者病情稳定，工作也顺利，觉得自己生病与以前生活太过安逸、家人对自己照顾得太好有关，怀疑现在的月经不调与药物副反应有关，要求再次减药，经过协商，同意把帕罗西汀片改为每天 1/2 片，继续规律进行"正念四观"的训练，并教其如何在生活中保持正念的知识和方法，4 周后复诊。

第 8 次治疗：来访者病情稳定，述自己已能让"心"与"身"做朋友了，尽管偶尔会出现不适的症状，但只要"让它出现"、"看着它"就够了，已自行把药量减到了每天 1/4 片，工作比较顺利。向其解释禅学中的"疾病观"、"生死观"、"无常"、"无我"等人生观和人性观，4 周后复诊。

第 9 次治疗：来访者述自己已停药 1 周，头脑偶尔会出现不那么好的念头，但能用前面的方法处理，有时会对焦虑念头说："朋友，谢谢你的提醒，尽管可能有危险，但我相信能处理，"然后与"念头相处一会儿"。正念禅修依然规律地进行，随访半年，情况稳定。

4. 小结

对于焦虑症、抑郁症、强迫症、躯体症状障碍等心理障碍患者，处理好药物与其他治疗方法的关系比较重要。我们认为，精神科药物许多时候对心理障碍比较有效，我们没必要排斥它。现在许多的禅修师父都肯定治疗药物的价值，特别是在治疗初期，当我们被恐惧、悲伤或者混乱的思想所淹没时，我们的问题就会难以应付，如果药物使用得当，它可以帮助被焦虑或抑郁等情绪压倒者，将情感痛苦降低到一个可控的水平上，找到正念观照的能力，然后一点一点慢慢去接受。这样，在条件合适的时候，就有希望把药物这根"拐杖"丢掉。

（三）容易冲动者的正念禅修

1. 临床特点

王某，男性，43岁，初中文化，务农，已婚，2015年3月初诊。因多疑、容易冲动20余年，被妻子"逼着"来治疗。

妻子提供的情况：他们22年前（当时来访者21岁）经人介绍结婚，结婚后两人关系尚可，3年后育有一女。此后即发现丈夫敏感多疑，对她不放心，怀疑她有外遇，只要跟生产队成员或邻居多说几句，事后就会盘问，说她不关心他，烟量也越抽越大，喝酒也越来越多，喝多时经常骂她"不要脸"。经常会因小事而争吵，但由于女儿年幼，"看在女儿的份上忍着"。10年前发现丈夫行为不检点，经常在QQ上与陌生女性闲聊，晚上跑到屋外背着自己接电话，经常是一接就是半小时，如果她多问几句话丈夫就骂人，摔东西，还发生了几次在酒后动手殴打她的现象。丈夫事后又会后悔，不断向她道歉和保证，说得很诚恳，可是不久后又会老毛病再犯。

妻子说，近一年来丈夫对她的疑心越来越大，经常会偷偷翻看她的东西，甚至到电信部门查看她的通话记录，有一次在冲突后把她"打昏"了，她下定决心离婚，"丈夫以前的道歉和保证现在没任何作用了"。可是，有时候觉得丈夫也挺可怜，因为发现丈夫似乎在发脾气时也想努力克制自己，数次用拳头打自己的头，或用头撞墙。听人说这可能是一种病，所以"逼着"丈夫来做心理咨询，否则离婚。

妻子还反映，丈夫与外人关系处得都可以，和和气气的，就是对自己及家人脾气较大。

丈夫提供的情况：在自己5岁时父亲生病去世，由母亲带着他和一个比他大6岁的姐姐一起生活。在他11岁时，母亲也患病去世，姐姐外出打工，他被寄养在阿姨家，常受亲戚们"冷眼"看待。在校成绩一般，常受同学嘲笑和欺负。初中毕业后开始跟人外出学习经商，但由于生意不好回家务农，承包了些田地，也赚了些钱。

对老婆所反映的情况基本承认，并说自己当时是昏了头，"不知道"，有时想控制都控制不住，并说"跟家人说话总不用像跟其他人说话一样小心翼翼，这样多累啊"。头脑有时会冒出些稀奇古怪的东西，主要与不放心有关。如担心别人会看不起自己，家里会否遭小偷，对老婆的质问主要是因为老婆长得漂亮，性格开朗，怕老婆会离开自己，可是老婆还不时用语言刺激他，让他更是不放心，所以才有过激的行为。在 QQ 上与异性交往主要是想向老婆证明他也是有魅力的。

在一年前曾偷偷地看过心理医生，血液学检查、脑电图和头颅 CT 检查都正常，按"强迫症"治疗 3 个月，无效而停药。目前不仅因为有离婚的危险，而且自己也希望有办法治疗。

现在烟 1~2 包 / 天，白酒 100~150g/ 天，有时心烦就多喝点。否认重大精神疾病及躯体疾病家族史。

精神检查：神志清，仪表欠整洁，显得疲惫，定向完整，表情焦虑，说话吞吞吐吐，注意力不集中，存在强迫性思维，情感反应适切，未引出幻觉妄想等精神病性症状，意志活动减退，自知力存在。

症状自评量表（SCL-90）检查提示：躯体化、抑郁、焦虑、恐怖轻度，强迫等 5 个量表分中度，人际关系敏感、敌对、偏执、精神病性症状等 4 个量表分重度，明尼苏达多项人格测验（MMPI）中癔症、心理变态、精神衰弱、精神分裂、偏执等 5 个量表分得分均明显偏离正常。

2. 诊断

冲动控制性人格障碍。

3. 病例分析及治疗经过

雨果说："激烈尖刻的言辞背后，都隐藏着一个虚弱的理由。"来访者在年幼时先后失去父母，又不断遭受"冷眼"和"欺负"，潜意识中产生了强烈的不安全感。他的冲动行为其实是内在不安全感的补偿性行为，烟与酒是精神活性物质，被他用来减压，但事与愿违，多次在酒后闹事。药物或许能帮助一部分人解决抑郁、焦虑等心境，但该来访者曾经尝试以无效告终。经过协商，夫妻俩愿意尝试正念禅修。

第1次治疗：向来访者介绍禅学中"贪、嗔、痴三毒"及"我执"等知识及其危害。告诫妻子不可用言语相激。从呼吸正念和行走正念开始训练，每天各2次，每次至少15分钟，每晚完成与当天生活、感受、思维、情绪等方面有关的日记一篇。并自行制订戒烟戒酒计划，1周后复诊。

第2次治疗：妻子反映来访者在训练呼吸正念和行走正念，但时间上往往达不到要求，有时做了5分钟就有些烦躁。来访者的日记完成了3篇，能部分认识到问题，但认知歪曲很严重，如"只要你别招惹我，我能打你吗？""我打人是不对，但如果不打，你跟别人跑了怎么办""喝酒没事的，至少能让心情暂时好些"……烟量和酒量没有明显减少。尽管认为呼吸正念和行走正念能让自己放松许多，但念头跑得太频繁，有时很长时间也回不到呼吸上，言谈中流露出对正念治疗信心不足。嘱其继续上述训练，可以把呼吸正念的每次时间缩短到10分钟，频率增加到每天4次，并进行饮食正念训练，每天1次，进餐也仿照正念进行，日记依旧进行，1周后复诊。

第3次治疗：妻子反映来访者这周进步较大，"能坐住了"，呼吸正念能按要求完成了；有争吵现象，但只要妻子示意停止，基本上能控制住脾气，但表情还是非常难看的；饮食正念做得很好，平时吃饭速度很快，菜吃得也少，只喝酒吃花生米，这周尤其近3天每顿都是最后一个吃完饭，酒已3天没喝了，烟已减到每天半包了。来访者微笑着表示同意，认为按照饮食正念去吃饭真是好，以前从来没觉得米饭和蔬菜会这么好吃。但对酒和烟平时还是会想念，呼吸正念的确比以前做得好了。日记内容开始较多地反映自己的内心变化，对自己的进步开始有了信心。向其解释禅学"无我"、"无常"、"苦"等三法印，并开始在呼吸正念的基础上练习身体正念，1周后复诊。

第4次治疗：妻子反映来访者本周既没饮酒，也没抽烟，有时表现出对她的谈话不耐烦，上QQ的时间少了，看见妻子与顾客聊天会注意，有时欲言又止，只要她提醒说："头脑中的警报又响了？"他就会不好意思地笑笑。来访者同意妻子的说法，说自己还是不自觉地想到"那方面"，但已没有以前那么痛苦了，"只要这种感觉出现，把注意力放到呼吸或躯体上，慢慢就没事了。"日记内容充满对自己以前行为的后悔，以及对家人的歉意。在肯定和鼓励之后，向其解释正念修习中的"接纳"、"旁观"和"标示"，并进行声音正念和思维正念训练，1周后复诊。

第5次治疗：妻子反映来访者目前的行为已接近正常了，两人有1周没大声争吵了，丈夫对她与男顾客之间交流的反应也自然了许多。来访者说，现在只要头脑中出现想"盘问"、"探究"的念头，大多数时间是能识别的，身体方面也会出现心慌、肌肉紧张，但只要专注于呼吸或躯体感受，这种感觉还是会过去的，并且自己会在心里告诉脑中的"声音"："谢谢您提醒，我还是选择信任我的老婆。"日记内容中负面的信息越来越少，内心平静的日子越来越多了。在肯定来访者的做法后，进行情绪正念训练，并私下里让她老婆试着离开家1次。

第6次治疗：妻子有事没来，来访者单独来就诊，说自己本周状况有反复，妻子有一次没有告诉他独自去进货，还有一次与他说亲戚家有事要去一天，他对前一次的事较为生气，因为"老婆事先没告诉他"，所以做情绪正念时反应较大，好几次正准备探索深层的情绪时，都因恐惧而退到呼吸和躯体感受，显得有些沮丧。但至少没发生打架、大吵大闹的事件，只是生了闷气。在知道这是医生与其妻子"合谋"的事情之后，显得有些不好意思，说："看来心底还有东西在作怪。"在进行相应的认知方面的解释后，嘱其继续前述"正念四观"训练，1周后复诊。

第7次治疗：这次来访者主动没让妻子陪同，还主动让妻子外出自由活动两天，用于检验自己的情况，尽管会有念头和不良情绪产生，但已能自己管理。予进行宽恕冥想训练，1周后复诊。

第8次治疗：夫妻双方对治疗都比较满意，妻子反映丈夫比以前自信了，自己已开始跟丈夫一起修习正念了，并说彼此都会坚持修习下去。两人已逐渐相互开玩笑了，小的争执偶有发生，但基本上都能很快解决。在进行治疗总结的基础上，进行了慈心禅的修习，指导语如下：

（1）现在，我们来做慈心禅的修习。这是关于爱和慈悲的冥想。

（2）首先，坐得舒适、放松一些，闭上眼睛，让身体和呼吸逐渐柔和下来。先将注意力关注在心的区域，尝试将你的呼吸和对心的感受连结在一起，仿佛将呼吸带到你的心中，随着心的感受，一呼一吸。

（3）传统的慈心观，首先起于对我们自己的慈心，如果我们对自己身上的某些东西，无法接受，并且心怀怨恨，我们就很难去爱在别人身上体现出来的那些特质。

（4）现在，请跟随我的引导，试着去觉察并发展关于慈悲与爱的感觉。首先，我们要在心中觉察并寻找对我们自己的爱与慈心。下面，请加入你的名字，跟随我一起，在心中默问"亲爱的，此刻，我的心中是否能感受到爱和慈悲，这一刻，我的心是否敞开，能够感受到慈爱和平和？"现在，请体会并觉察一下你身心的感受。

（5）我们在心中要坚信，你值得被爱，所有的生命，都值得被爱与慈悲所包容，你的心也可以更加宁静与平和。

（6）我们都曾经历过痛苦、悲伤与挣扎，但是现在，仍然将我们的心打开，用爱与慈悲去抚慰、疗愈那些痛苦。

（7）现在，想象你回到童年的状态，你曾经是一个小孩，不需要做任何事，就可以获得纯然、无条件的爱。现在，用你的心去拥抱你自己这个内在的小孩。用无条件的慈爱去拥抱这个纯洁的生命。将你的整个身心去全然融入并体会这无量的爱与慈悲。

（8）现在，请在心中想象一个你最爱的人，随着呼吸将他/她带进你的心里，用你此刻心中充满的爱与慈悲去接纳他/她、包容他/她，想象他/她的整个身心被你的爱与慈悲所充满。用你的爱打开他/她的心灵，抚慰、消融他/她心中的痛苦和挣扎。你越能够感觉到对他/她的爱，就越能够帮助他/她，让他/她的心也被慈悲与喜乐所充满。

（9）现在，想象两个或更多你爱的人，进入你的心中，你的心慢慢打开、扩展，变得越来越宽阔，带着这不断延展的爱与慈悲接纳并包容他们，帮助他们打开心扉、消融痛苦，被爱和喜乐充满。

（10）现在，让你的心和心中的慈爱蔓延得更加宽阔，让它充满这个房间，让这房间成为一个充满了爱与慈悲的空间，让所有生命的所有快乐和悲伤，都被你完全敞开的心灵以爱和慈悲完全接纳。

（11）现在，体会你心中的感觉，想象你的心向四面八方、各个方向伸展，它超越出这个房间，拓展向天空，还有大地，一直到充满整个地球，想象你用你的爱充满、包容了这整个地球。

（12）现在，想象地球是一颗可以拿在你手中的蔚蓝色星球，将她拥入你的胸怀，融进你的心中，拥抱地球上所有的海洋、陆地、所有生命、所有的树木、山川、雨林、沙漠，还有整个人类。用你的慈爱、悲悯与包容去拥抱这个地球。

（13）愿所有的生命被爱与慈悲所抚慰，愿所有的生命、所有挣扎、悲伤、喜乐、自由的生命，所有刚刚诞生，以及垂危的生命，都被爱与慈悲的力量，接纳、包容并治愈，愿我们心灵的力量，愿我们的善良，愿我们的爱，将光明带给这个世界。愿我们将希望、美好和自由带给人类和其他所有的生命。

4. 小结

俗话说："江山易改，本性难移"，说明纠正人格之难。本案中的来访者自幼开始形成的不安全感，影响到成年的夫妻关系，不自觉地使用了"冲动"、"暴力"来解决问题，结果不仅自己痛苦，而且给别人也造成了许多伤害。正如尼采在《曙光》中所说："世间之恶的四分之三，皆出自恐惧。"

药物在这方面是很难有作为的；普通的心理治疗可能有短期效果，但很难持久；精神分析由于耗时较长，导致经济负担也重，也是很难开展。正念禅修操作起来相对简单，一经学会，来访者就可以利用自己的时间来修习，容易坚持，不失为解决人际问题、人格问题的好方法。

（四）慢性头痛者的正念禅修

1. 临床特点

陈某，男，48岁，高中文化，个体经营，已婚，2012年8月初诊。因反复头痛10余年求治。

10余年前因自己苦心经营的厂子出现倒闭，欠债数百万，在自己的努力及家人、朋友的帮助下，花了数年把债务还清，本以为可以轻松过日子了，但出现了奇怪的病，就是反复头痛，痛起来比较剧烈，开始时症状间断出现，有时伴有恶心，持续数分钟至数小时会自行缓解，有时服用"止痛片"缓解，以为自己是过分操劳的结果，就一直在家休养，未予重视。

3年后头痛发作得越来越频繁，程度也越来越强烈，每天需要至少3片"去痛片"，遂在家人的陪伴下到医院检查，头颅MR、脑电图、头颅超声以及各种血液学检查都无特殊发现，服用各种药物往往开始时有效，数周或数月后就无效。2年后因头痛难忍，发作频繁，把"去痛片"服至每天6片，文拉法辛缓释胶囊每天3片（225mg），头痛缓解得比较满意，但只持续了半年，又开始发作。家人遂带其到全国各地求医，"该服的药都服了"，"针灸理疗也做了"，2年前还因头痛剧烈，在北京某医院做了"神经毁损术"，但每次的疗效都持续不到数月。

近1年来间断用杜冷丁或吗啡注射治疗，开始时每周1次即可，后来越用越多，近1个月发展到每天都要用。

令来访者苦闷的是，求医到现在，医生们对于头痛的诊断五花八门，有说"偏头痛"，有说"神经痛"，有说"额窦炎"，还有人甚至说是"心因性头痛"，各种疗法都只是短期有作用，到目前不仅头痛依然，还发生了止痛药依赖，心情很差，觉得还不如一死了之，但想想自己欠的那么多债都还了，死又不甘心。目前头痛几乎每天存在，只有注射杜冷丁或吗啡之后的数小时才心情不错，其他时间都觉得毫无乐趣可言，不与朋友交往，每天都把自己封闭在家里，"头痛是唯一光顾的外人"，食欲下降，疲倦，睡眠差（入睡困难，易醒），记忆力差，心烦，脾气较大。

在家排行老三，上有一姐一哥，姐姐有偏头痛史，但控制尚好，否认家族重大躯体疾病及精神疾病史。性格内向，无烟酒嗜好。育有一子一女。因经常头痛，母亲和父亲搬来与自己同住，关系尚可，全家人对自己都特别照顾。

精神检查：精神较差，定向完整，表情焦虑，显得小心警惕，反复述说自己的症状，心境低落，存在疑病观念，觉得"现在的医疗水平太差"，"治了10年连这点头痛都解决不了"，未见幻听、被害妄想等精神病性症状，对被医生介绍到心理科治疗感到愤怒。

汉密尔顿抑郁量表（HAMD）：18分，汉密尔顿焦虑量表（HAMA）：19分，心理健康测查（PHI）提示疑病症。

2. 诊断

慢性每日头痛，止痛药依赖性头痛，躯体症状障碍。

3. 病例分析及治疗经过

第1次治疗：来访者对心理治疗抗拒，认为自己心理没问题，但既然医生建议，家人也要求看一下，所以才来的。而且，也不认为心理治疗能帮助自己。治疗师不与其理论，但很认真地听他谈病史及治疗经过，并对他说，关于他的头痛目前医生也想不出好办法，但医生有办法可以帮助他解决睡眠问题。这获得了来访者的同意。两方达成一致，由医生教他"放松术"（呼吸的正念）来改善睡眠，每天3次，每次10分钟。此外，保证每天外出走路2公里，1周后复诊。

第2次治疗：在家人的陪伴和鼓励下，来访者每天坚持走路和"放松术"，尽管止痛药的使用仍与以前一样，但觉得身体轻松了许多，睡眠的确改善了一些。这次治疗师抛开了与头痛有关的话题，开始探讨以前的兴趣爱好，来访者说自己以前是个"驴友"，喜欢爬山、宿营，还一下子说了许多有趣的故事，说完后对自己的现状叹了口气，治疗师就鼓励他："既然病好不了，何不洒脱些呢？"；"这样死了也能成为风流鬼啊！"来访者对这句话表示既惊讶又兴趣，说道："我怎么10年来就没想到呢？"治疗师乘机向病人讲述了日本森田正马博士"精神交互作用"的发病理论，以及"顺其自然"、"忍受痛苦，为所当为"的治疗理念。患者将信将疑地听着，在呼吸正念的基础上再进行身体正念训练，每天4次，每次至少10分钟，并提供其森田疗法的资料，1周后复诊。

第3次治疗：来访者这次走进诊室面带笑容，声音也比以前洪亮了许多，说："这次的放松术太好了，不仅帮助改善了睡眠，而且对缓解头痛都有帮助"；"森田正马说得也很好，正是我所需要的"。为了检验森田疗法的用处，来访者还在家人的陪伴下爬了座小山，尽管有些累，但头痛未加重，而且出了身汗让自己神清气爽。患者表示，自己得先把"止痛药戒了"。治疗师见其开始对心理疗法有兴趣与信心，就开始了门诊式森田治疗，呼吸正念和身体正念继续，1周后复诊。

第4次治疗：来访者的止痛药目前已减到每周注射2次了，头痛也没加重，说道："看来这'行动本位'非常合理。"呼吸正念和身体正念的训练也很流畅，认为自己以前是把治疗的方向搞错了，现在才发现原来快乐与宁静不在身体外面，只在内心，现在似乎有些相信佛法了。治疗师认为与来访者谈论正念禅修的时机已经到来，遂与其讨论禅学中的"平常心"、"接纳"、"旁观"和"标示"，并开始训练声音正念和思维正念、行走正念，鼓励其继续减少止痛药。跟家属私下讨论：家人减少对其症状的关注和不必要的关心，只是鼓励其走出家门，1周后复诊。

第5次治疗：来访者本周只注射1次止痛药，头痛有发作，但至少没有加重，能做到"忍受痛苦，为所当为"，现在头脑中杂念也不是很多，能管理。本周爬了2次山，体力也较以前好了许多。在给予适当的肯定和鼓励之后，与其探讨"无常"、"无我"等禅学理念，并开始饮食正念训练，继续呼吸正念、身体正念以及声音正念和思维正念，建议其考虑出去做点事，2周后复诊。

第6次治疗：来访者已停用止痛药，头痛有发作，但在可控范围，能主动去买菜，做家务，开始在朋友厂里做事。给他阅读了《正念与接受》这本书中关于"头痛"与"锤子"这段话：

> 假使你去看病，你跟医生说你头痛，再假如医生将你的双手置于您看不见的地方——你背后，然后你想去掉头痛的每一个想法都变成用橡胶锤子敲打一次自己的头。而你不知道自己在打自己，或者你可能有很好的理由这样打自己。如果是这种情况，医生不会开给你阿司匹林或让你戴上帽子。从你要求减轻头痛的愿望来看可以让人理解，但是，从你的行为来看，你的每一次努力都意味着头上的又一次重击。现在你不仅感觉糟糕，而且还会因自己的不断努力使情况越来越糟糕而感觉更糟糕。你可能会像现在问我一样去问其他医生：你有没有更结实的帽子，或者更强效的阿司匹林？嗯，首先，我什么都没有。其实，你这种急切去掉头痛的想法只可能让锤子再次往你的头上砸去。这并不是说你无药可救，而是你每次去掉头痛的努力都变成了对自己的打击。因此，当你患有这种头痛的时候，建议你最好放下锤子。

来访者听完，表示深有同感，说："看来医生也不是万能的，有时候医生的治疗不仅无益，反而有害"；"以后要死也得潇洒地死"。接着开始训练情绪正念，2周后复诊。

第7次治疗：来访者的头痛已明显减轻，只是偶尔发作，现在不用药物也能管理了，工作比较顺利，还在离家不远处租了块地用于自己种菜，说自己再也不愿像以前那样劳碌了，"生命是用来体验，而不是消费的"，治疗师深表赞同，嘱其继续规律"正念四观"训练。

4. 小结

本案来访者由于开始时对心理治疗反感，所以治疗起来相对费力，在取得来访者认可之后就容易许多。另外，头痛是临床常见的表现，治疗起来可没那么容易，该来访者曾经因剧烈疼痛把"神经都毁损"了，可是没有解决问题；也有医生考虑了心理方面的因素，运用了抗抑郁药治疗，还是没有根本解决问题。

在心理学上，这种症状被称为"转化症状"，扎根于潜意识，用精神科的诊断标准可以诊断为"躯体症状障碍"。由于正念禅修能沟通意识与潜意识，所以来访者的头痛最后因此而改善。这种方法的有效性已得到了内观大师葛印卡的证实，威廉·哈特在《生活的艺术》中是如此描写的：

> 葛印卡老师是退休的企业家，曾经是缅甸的印度侨领。他出生于传统的印度教家庭，自年轻即患有严重的偏头痛。在遍寻良方的因缘下，于1955年遇到萨亚吉·乌巴庆老师。乌巴庆老师是众所皆知的资深政府要员，私底下则是教导内观的老师。葛印卡先生跟随乌巴庆老师学习内观时，他发现这个方法，不仅超越了肉体上的疾病，并且还超越了文化与宗教的藩篱。接下来的岁月里，他在老师的指导下练习、研究，内观逐渐转化了他的生活。

另外，森田疗法与禅学智慧的渊源颇深，临床可以整合起来应用。

（五）甲状腺癌术后者的正念禅修

1. 临床特点

蒋某，女，35岁，已婚，初中文化，务农，甲状腺癌术后3年求治。

3年前发现甲状腺癌，已手术治疗，术后服用甲状腺素片替代治疗，甲状腺功能检查经常波动，为此担心，怕癌症复发，医生解释后只能放心几周，没多久又要去做甲状腺B超和验血，还出现了失眠、紧张、心慌等症状，一直在家休养，丈夫对自己不错，百般呵护，只要有人说什么东西能抗癌，就去买来给老婆服用，不让老婆干活，怕累着了导致癌症复发。

2个月前无明显诱因下突然出现呼吸困难，胸闷，心慌，像要"死了"似的，面部及肢体麻木，持续10分钟左右，自行缓解。发作过程中意识清晰，无抽搐，无恶心、呕吐，无二便失禁。发作后感觉疲劳，被送到医院检查，心电图、心脏和血管B超、脑电图、头颅CT、血生化等检查无特殊，甲状腺功能TSH略偏高，T3略偏低。无须特殊处理。1周后在家里又出现类似情况1次，持续数分钟，再次到医院检查无明显异常。此后整天担心，怕再次出现上述症状，尤其不敢一人待着，怕自己症状发作后逃不出去，无人帮助自己，入睡困难，一想到自己患有癌症，这可能是死亡先兆，就以泪洗面。被介绍至精神卫生科就诊。

在家排行老二，上有一姐，育有一女，家庭关系和睦，月经欠规则，量少，否认家族遗传病史及重大精神疾病史。

精神检查：神志清，仪表整洁，定向完整，表情焦虑，显得疲惫，注意力略显不集中，言语中透露出对癌症及死亡的担心，存在疑病观念，未引出幻觉妄想等精神病性症状，自知力充分。

症状自评量表（SCL-90）检查提示：强迫、抑郁、焦虑轻度，恐怖等4个量表分中度；心理健康测查（PHI）提示：疑病人格。

2. 诊断

甲状腺癌术后，惊恐发作。

3. 病例分析及治疗经过

尽管人的情绪状况可能会因甲状腺功能的波动而影响，但该来访者更可能的原因是"恐癌"之后的长期应激所致。甲状腺癌手术的痊愈率很高，但来访者由于恐惧而产生了强迫性怀疑，久而久之出现了惊恐发作。建议其服用药物以抗焦虑治疗，但患者拒绝精神科药物，怕副作用对癌症不利。表示愿意接受心理治疗。经协商，同意进行每周1次的认知行为治疗。

治疗 1 个月后，来访者的症状有明显的改善，但觉得自己"似乎缺少点什么"，尽管对生命和死亡问题有所认识，但头脑中不时会冒出相关的念头，令自己痛苦。建议其进行正念禅修训练，患者表示接受。方法与前面几个案例相似，主要进行"正念四观"训练，期间探讨"无常"、"苦"、"无我"等理念，推荐观看电影《生之欲》、《潜水钟与蝴蝶》。

经过 2 个多月正念禅修治疗之后，患者的症状已明显地缓解了，内心也相对平静，并恢复了以前从事的绣衣工作，说："电影《生之欲》对自己启发较大"；"先跟家人好好生活再说，不管以后活多久"；"快乐活一天，就赚一天。"继续"正念四观"修习。

2 个月后复诊，情绪稳定，以前经常波动的甲状腺功能已在正常范围之内。

4. 小结

癌症的发生率越来越高，但我们的文化存在着高度"恐癌"现象，对与死亡有关的话题存在回避现象，这对癌症患者的恢复是非常不利的。难怪有人提出，癌症病人只有 1/3 是因为癌症本身死亡的，有 1/3 是吓死的，还有 1/3 是过度医疗而死的。

台湾医生许添盛提出："癌症事实上是一种心身疾病，人类在生命中面临着无路可走的绝境，才是最重要的致病原因"；"癌症的本质是一股受阻的生命能量爆发的结果，因此，积极的癌症治疗在于如何疏导这份受阻的生命能量、重燃病人对生命的热爱。"下面这则来源于《华商网－华商报（微博）》的案例就说明了这一观点：

晚期肺癌患者花光积蓄，旅游 3 年后意外痊愈

37 岁的丽莎来自英国奥尔德穆，曾是一个晚期肺癌患者，被医生告知自己最多只能活 18 个月，于是她决定把全部积蓄都花在全家人的三次豪华度假上。然而，在快乐地度过 3 年时光后，医生告诉她肿瘤意外地消失了。

所患肺癌死亡率高达 94%

丽莎以前咳嗽得很厉害，2009 年的一天，被诊断患上了小细胞肺癌，

医生说，患上这种肺癌的死亡率高达94%，是所有癌症中死亡率最高的。丽莎所患的肺癌是不能动手术的，但是化疗的话可以为她争取18个月的生命，医生让她和家人一起度过最后的时光。

得知噩耗之后，丽莎最伤心的事莫过于自己的女儿——13岁的克洛伊和8岁的奇奥奇亚以后不会记得她。丽莎说："我不希望历史重演，所以我发誓要尽可能多地为我的女儿创造美好的快乐回忆。"

花光所有积蓄进行豪华旅游

丽莎在34岁生日那天组织了一个赞助会，为自己就医的曼彻斯特的克里斯蒂医院筹集了4000英镑的善款。

她发誓要和男友安东尼一起，把积蓄都花在为女儿创造快乐回忆上面。

丽莎还和安东尼结了婚，女儿们亲眼见证她们的父亲向母亲求婚，并花了4000英镑举行结婚仪式。2010年1月，丽莎和安东尼带着孩子们从奥尔德穆飞到兰萨罗特，去度过一个迟到的蜜月。"我们把结婚的礼金和积蓄大肆挥霍，住了一个豪华别墅。"丽莎说："我不可能忘记自己患有癌症，但是看到女儿们在海边和沙滩上快乐地玩耍，真是很美妙的时刻。"

游乐中度过18个月"最后期限"

丽莎再次咨询医生得知，自己的病情没有希望了，于是在2010年5月花了4000英镑，去保加利亚旅游。

安东尼是一名电工，而丽莎无法工作。丽莎说："当一个人快要死的时候根本不在乎钱，只在乎能和家人一起度过剩下的时间。我不想让女儿们回忆起妈妈就只是住院。"

他们花更多的钱和朋友聚餐，和女儿们出去玩，2010年9月全家去土耳其住在五星级酒店里，花了6000英镑。当丽莎回到家里，早已度过了18个月的"最后期限"。她每隔3个月就去检查一次，病情没有任何变化。丽莎给女儿和丈夫都写了遗书，告诉他们她是多么的爱他们。

去年4月的一天，距离丽莎被最初诊断出肺癌有3年了，她去做例行检查得到了一个惊人的消息——她的肿瘤已经不见了，医生压根找不到了！她回忆说："我简直无法相信，医生也不知道为什么，我的死亡宣判被取消了。当我知道自己要死了，这教会我一件事，就是如何度过短暂的生命，我们仍然需要生活。"

尼采在《人性的，太人性的》一书中提出："欢乐永驻的诀窍，便是帮助他人，成为对他人有用的人。这样你便会感到自己存在的意义"；"一切行为与运动皆为不死。所有人的所有行为，即便是最微小的行为，也是不死的。也就是说，我们其实都是永生的。"

我们体会，死亡现象不可回避，生命过程中的"责任"与"意义"问题不可逃避，禅学的生死观、生命观值得大众尤其癌症患者参考与借鉴。从存在主义哲学和心理学角度看，只有没有活出生命意义的人才怕死。正如禅门一故事中所表达：

  一徒弟见师父整天忙碌但容颜不改，说："师父，10年过去了，您好像没见老。"
  师父回答："我没有时间老啊。"

多好的回答啊！如果一个人内心自由，生命有意义，那么他必定也是"没有时间死"的。

另外，本案先用认知行为治疗，而在其中融入正念禅修，收效颇好，说明禅学方法与现代的心理疗法是兼容的，值得深入研究。

第七章　疗愈身心的禅语、诗偈和公案选析

一个人真正的价值，取决于他的自我解脱有多深刻。

——爱因斯坦

只有在你检视内心深处时，你的视野才会变得清晰。向外探究的人只是在做梦，朝内挖掘的人终将开悟。

——荣格

近十年来，我们搜集了不少禅语、诗偈和公案，并用于各种身心障碍的疗愈，收效颇佳，现选析部分我们临床疗愈身心常用的禅语、诗偈和公案，供读者参考。

珍惜生命

人身难得，犹如盲龟遇浮木孔。

此语出自《杂阿含经》，意思是：生而为人，得来不易，就像在波涛汹涌的大海里有只乌龟，眼睛是瞎的，每过100年才浮出海面一次。一块浮木中间有一小孔，在海面上漂流，等到有一天海龟浮出海面时，它的脖颈能恰好地钻进浮木孔中，这是何等巧遇难得。

生而为人不容易，但我们在世上的生命却又是如此的短暂。正如下面这则佛陀与沙门间的对话所示：

佛陀问一位沙门："人的寿命有多长呢？"这位沙门回答："人命只有数

日时间。"佛说："你还不明白佛家的道理。"佛又问另一位沙门："人的寿命有多长呢?"这位沙门回答："有吃一顿饭那么长的时间。"佛说："你不明白佛家的道理。"佛又问第三位沙门："人的寿命有多长呢?"这位沙门回答说："人的寿命只有一呼一吸之间。"佛说："好啊,你明白佛家的道理了。"

因此,既然"人身难得",我们就没有理由浪费生命在无谓和无聊的事上。正如尼采在《漂泊者及其影子》中所说:"人的生命总有一天要终结,所以我选择全力以赴向前冲,时间总是只有那么一点,所以我选择把握此时此刻的瞬间";"若是对自己周围及世间发生的大事小事兴致盎然,最后你只会成为一具空壳";"好奇心是十分重要的,因为它能引爆你身上的潜能,然而人生苦短,没有足够的时间让你经历一切。应该趁着年轻时脚踏实地,认清自己前进的方向,并沿着这一方向不断钻研,这样一定能令自己更加贤明与充实。"

此外,既然"人身难得",我们没有理由不遵从生命的自然规律,我们更没有理由不尊重生命而去糟蹋自己和别人的生命。正如《一千零一夜》中的山鲁佐德的故事所示:

> 国王山鲁亚尔因受到女人的欺骗而决心对所有的女人进行报复。他每天都要娶一个妻子,第二天就会把她杀掉,然后再娶第二个。为了拯救其他女子,宰相的女儿山鲁佐德主动要求嫁给国王。到了晚上,她就开始给国王讲故事,讲到天亮,故事还没讲完便停止了。急于知道故事结局的国王便特许她多活一天,讲完故事。而到了第二天晚上,她又如法重演一番,于是得以再延长一天的生命。就这样一千零一夜后,山鲁佐德终于感化了国王,从此,两个人过上了幸福的生活。

治病先调"心"

治病之法,乃有多途。举要言之,不出止观二种方便。云何用止治病相。有师言:但安心止在病处,即能治病。所以者何?心是一期果报之主,

第七章 疗愈身心的禅语、诗偈和公案选析

譬如王有所至处，群贼迸散。

此语出自《修习止观坐禅法要》，意思是：治疗各种疾病，对治的方法有很多，概而言之，不出止观二种方便。到底应该如何治愈疾病呢？有古师说："只要安心止在病处，即能治病。"这是什么原因呢？因为心是一期果报之主，心如王，病如贼，若心王安在病处，贼病自然消亡矣。

这与中医学中的"扶正祛邪"治疗原则相似，《素问·上古天真论》说："恬淡虚无，真气从之，精神内守，病安从来。"究其根源，就像《素问·刺法论》所说："正气存内，邪不可干。"《花月痕》第四六回说："今日之事，必先激浊扬清，如医治疾，扶正气始可御外邪。"

下面以我国当代著名的作家苏叔阳的成功抗癌经验来说明调"心"在治病过程中的重要性：

癌症初期，我身体上并没感觉到十分痛苦，但是治疗过程却非常痛苦。做完手术后需要不停地做放疗，慢慢地，我就把它当成我生活中一个必做的事情了。因为疾病是躲不开的，人不是得这种病就是得那种病，所以我慢慢接受了。还有就是我想得比较乐观。我是一个很幼稚的人，面对可能的死亡，我天真地想，黄泉路上无老少，6岁、26岁、46岁、56岁……多大岁数的人都有，赶上哪岁算哪岁，烦也没用。我活到56岁，做了很多事情，一不靠走后门，二不靠偷奸取巧，好歹是自己干出来的。我没有出卖过朋友，也没有欺负过弱小，心也坦然。

后来我的肾癌出现了转移，转移到肺了。治疗期间，我的一位邻居老大姐给了我启发。她也得了重病，她说她是倒计时活着的，这个月做一件自己能完成的事情，下个月再做一件能完成的事情。我也想倒计时活着，每个月都做一件能完成的事情，这样会有成就感，会觉得没有虚度年华。

8年后，我的癌细胞转移到左肺，我又做了左肺叶切除手术。术后我积极配合治疗，每天吃几大把药，我把它当做功课。我快乐的时候照样快乐，该玩的时候照样玩。我觉得人生是有意义的，生活是可爱的。

我是在得病之后被选为电影家协会副主席的。工作上有一些事情需要

出头露面，有的人就说，你这么大岁数的人了，身体又不好，还这么辛苦干什么？其实他不理解我，我不是为了出风头，做这些事情是我对生活的爱的表现。

一个生病的人有两条路可以选择。一条路就是被病魔压制住。我有几个病友就是这样，其中一位每到吃饭的时候就靠着墙哭，因为放疗期间，吃饭是很难受的。可我的态度是吃不下也得吃。我还给他说笑话，架着他去吃饭。后来我出院了，可他却没能出来。第二条路就是积极地对待。我有一位老同事叫王尧华，是东方医院大外科的主任。他自己得了肺癌，可他非常配合做化疗，心态很乐观。在化疗期间，他还依然在岗位上坚持工作。他说医生的职业道德让他知道应该怎样对待这个病，他应该做其他病人的榜样。

人的生命至少有一半是掌握在你自己手里的。如果得了病以后你能够正确对待它，那么在遇到坎儿的时候，别人拉你一把，你自己加把油就过去了。如果你自己不努力，别人再怎么拉也没用。

生命需要意义

譬如钻木，两木相因，火出木尽，灰飞烟灭。以幻修幻，亦复如是。诸幻虽尽，不入断灭。

此语出自《圆觉经》，意思是：譬如钻燧取火这件事，两根木头不断摩擦发热以后才能生出火来。火一出，木头便被不断燃烧。等到木头烧完以后，余灰也被风吹散，烟也熄灭了，才真正地烧尽了。用虚妄的身心除去虚幻的无明，也是如此，当一切妄相和无明都消失了以后，圆满的心智就立即显现出来。而不是妄相消失以后，就变成什么都不存在了。

莎士比亚提出："人的一生是短的，但如果卑劣地过这一生，就太长了。"塞涅卡认为："生命如同寓言，其价值不在于长短，而在于内容。"因此，爱护身体、珍惜生命，只有在为了追求"真"、"善"的情况下才具有高尚的意义！

第七章 疗愈身心的禅语、诗偈和公案选析

因为连身体都是虚幻的，为了追求虚幻的名利而珍惜虚幻的身体，那又能产生什么实在的益处呢？正如尼采在《人性的，太人性的》一书中提出："世人都很好奇他人是如何评价自己的。想给别人留下个好印象，想让别人觉得自己更伟大，更加重视自己。然而，一味在乎自己的名声有百害而无一利。"

简单地说，当你失去了道德健康，没有了"罪感"和"耻感"，没有了共情和爱的能力，那么你就已经不是"人"的意义上的生命体了。正如释尊所说："惭愧是人类不同于禽兽的地方。"《杂阿含经》中说得更为详细：

> 所以者何？以无惭、无愧故放逸；放逸故不恭敬；不恭敬故习恶知识；习恶知识故不欲见圣、不欲闻法、常求人短；求人短故不信、难教、戾语、懒惰；懒惰故掉、不律仪、不学戒；不学戒故失念、不正知、乱心。

意思是说：为什么没办法解脱苦与不安呢？很重要的原因就是没有惭愧。因为没有惭愧心，所以放逸；因为放逸所以不恭敬；因为不恭敬所以接近恶知识，所以见不到正道，听不到正法，于是常常批判别人，看别人的不对；因为指责别人，所以会出现不信任、难以调教、妄语、懒惰、心神不宁、不恪守戒律规则；因为不守戒律，所以失去信念、不能产生正确的知见，而使心烦乱。

从存在主义心理学的角度看，这种缺失了"罪感"和"耻感"之后的人，他往往缺乏"人"的意义感和责任感，心灵深处毫无自由可言，并常因心灵深处的孤独而用金钱、权力、游戏、毒品、性等来补偿，否则"死亡恐惧"和"孤独感"让他感到撕心裂肺。在他们的病症中，"躯体化"和心身疾病往往比一般人更多，又由于坚固的心理防御，治疗起来也比一般人更困难。

因此，《修习止观坐禅法要》中提出：

> 故经云：佛法有二种健人：一者不作诸恶，二者作已能悔。

意思是：经说：佛法有两种健康之人，不作一切诸恶，此为第一健康人；第二是平日虽作诸恶，后能悔过自责，亦得称为健康人。换句话说就是："不怕无明起，只怕觉照迟。"

真正的生命是超越"无常"和超越"无我"的

一、"我"不是躯体

……四大各离,今者妄身当在何处?即知此身毕竟无体,和合为相,实同幻化。

此语出自《圆觉经》,意思是:(地、水、火、风)这四类东西各自分开以后,到哪里去找"我"呢?由此可知,肉身终究没有实在的本体,它不过是由若干因素凑在一起而产生的假象罢了。

因此,我们控制不了躯体,只能利用好躯体、善待躯体。

二、随顺生命体的自然

夫物应尽,欲使不尽者;夫物就灭,欲使不灭者;老法,欲使不老者;病法,欲使不病者;死法,欲使不死者,此不可得。此五事,最不可得,是如来之所说。

此语出自《阿含经》,意思是:会耗尽的东西,要它不耗尽;会消失的东西,要它不消失;想要青春永驻;想要永保健康;想要长生不死,这是五件最不可能的事了。这是佛陀说的。

生、老、病、死是任何人都躲不掉的,即使是佛陀的最后,也和众生一样。死,总是让人有一种结束的无奈与压迫感,从来都不喜欢。以忧愁来面对死亡,无济于事,或者还可能死得更快。因为,生命体就像雪团、土坯般的脆弱,无法维持太久;死亡,是生命的必然结局,然而,并不会是一个终结。检讨如何面对死亡的恐惧,思考死亡的冲击,常能让每一个人发现自己内心深处的问题,进而解决问题。正如下面这则故事所示:

一位连续丧失孩子的悲伤母亲来到印度灵性导师克里希那穆提的面前，她不断叙述失去孩子的悲伤以及生存奋斗中的残忍与无情，克里希那穆提只是静静地听着。当那悲伤的母亲说到痛心处而大声哭喊时，克里希那穆提突然轻声地开口对她说："你有没有看到那朵落下来的花？一朵谢了的花，它无声无息地掉落，几片花瓣述说着世间的真理——无常。"巨大的声响响在心灵上，那母亲开始寻找自己的生命。

人们往往会执着自我，是因为看不到"无常"，或刻意逃避"无常"，就像人避谈死亡却喜于诞生一样，人在自己构筑的幻想中生活，但痛苦并没有稍加减少。如果一个人能不带任何偏见和逃避来审视自我，就能看到真相。谈论死亡、接近死亡，就能使我们调整对生命和生活的态度，由死亡的逼近而看到"无常"的真实性，即一切事物无常变异，没有任何事物（包括自己）可以被执取为"我"或"我所在"，就像那朵绽开却又落下来的花，一切只是自然法则。

当你真正深切地观照"无常"，就能透视快乐经验及情绪来去的无常性，透视自我只是幻相，并不存在，便能减少执着与痛苦，净化思想与生活，产生"无我"的智慧。需要注意的是，体验"无常"绝不是消极的，而是帮助你以宁静、慈悲而开放的心去面对生活的挑战，以宽广的心看待自己生存的世界。正如皎然禅师所言：

吾道本无我，未曾嫌世人，
如今到城市，弥觉此心真。

意思是说：佛法真正的道理只是去掉我执，从来不曾嫌弃活在世俗中的人，宁可以无我的心情住在滚滚红尘，也不愿抱持自大我慢在山林假逍遥，如今我来到城市，更感觉到，没有我执的心，是多么喜悦！

三、真正的生命是超越"无常"和超越"无我"的

一切行无常，生者当有死；不生不覆灭，此灭最第一。

此语出自《阿含经》，意思是：一切都是无常的，有生必有死，这是无法改变的事实。要超越生与死，只有一个可能，那就是不生。要不生，也只有一个可能：那就是一切烦恼永尽的涅槃。这与拉里·罗森伯格提出的"如果你不想死的话，你就不该被生下来"一致。

也就是说，按照禅学中的"空性"原则生活，就无所谓生死了。换句话表达就是，真正的生命是超越"无常"和超越"无我"的。下面举一则故事来说明：

> 过去有一个信徒请法师到家里诵经消灾，祈求延寿，法师就问他说："你希望求得多少的寿命呢？"
>
> "我今年已经过了花甲之龄了，我只要能够再活20年，也称得上是古稀人生，再也没有什么遗憾的了！"这个信徒一副心满意足的神情。
>
> "你只希望多活20年？20年很快就会消逝，你可以要求更长的生命。"
>
> 那人一听，瞪大眼睛说道："哦！还可以增加吗？那么40年好了，图个百年大寿，人间稀有！"
>
> "40年也好，100年也好，都不过如白驹过隙，一转眼将消失得无影无踪，你应该祈求更长久永恒的生命！"
>
> 那个人一愣，慢慢地说："师父！那么你认为我应该祈求几千年、几万年的寿命吗？"
>
> "求无量寿！"法师说。

"求无量寿"的意思就是超越"无常"和超越"无我"。因为，世间的寿命纵然长寿如彭祖，充其量也不过八百岁月，和宇宙的亘古悠久相比，实在相距太远了。我们人生应该追求的是永恒无限的无量寿，证悟永远不生不灭的真如生命，而不仅是蜉蝣若寄的数十寒暑而已。

再说，即使活到100多岁，难道就真的那么幸福吗？我们不妨设身处地想一想：假设有一位100多岁的老翁/老太，他的儿子大约将近100岁，孙子也已是七八十岁行将就木的老人，如果命运多舛，儿子、孙子先离开了人世，白发人反送黑发人，情何以堪？长寿又有什么快乐可言？只不过平添更多的感伤无奈而已。况且耄耋之年，两眼茫茫，白发苍苍，行动不方便，凡事不顺心，如果精神上没有寄托，真是度日如年，百无聊赖。

库尔茨说："谁能以深刻的内容充实每个瞬间，谁就是在无限地延长自己的生命。"因此，生命的意义不在活了多少岁数，而在于是否"真实地活过"，如果已经充分地发挥了生命的内涵，纵然是刹那，也是永恒。反之，如果戴着很厚的"面具"，体验不到"人"的价值，那么，活着也只是一只动物罢了，甚至可能连动物也不如。

向内追求

> 此事须从自性起，于一切时，念念自净其心，自修其行，见自己法身，见自心佛，自戒自度。

此语出自《六祖坛经》，意思是：烦恼并不是从外界来的，而是从自性中产生。此事是讲明心见性之事，也就是无上菩提之事，于一切时，一切念，你都得把自己的心情洗干净。自修自悟，识自本心，见自本性，这就是自度自戒。

一切都离不开自己，所以赵州禅师说："金佛不度炉，木佛不度火，泥佛不度水，真佛内里坐。"也就是说，如果我们把向外的追求转为向内的自心证悟，就可以得到清净、自在和解脱。正如《六祖坛经》中记载：

有弟子问慧能大师说："师父，什么是道？"
六祖答："道在汝心。""心能做主就是道，心不能做主就叫外道。"

为什么向内求那么重要呢？因为在禅家的眼中，只有内在的"佛性"、"真我"、"自性"才是真实的、永恒的，其他一切都是虚幻的。用叔本华的话说就是，"如果一个人内在充足、丰富，不需要从自身之外寻求娱乐，那么，这个人就是一个最幸运的人。"正如释迦牟尼在一次法会上讲的故事所示：

有个富商共讨了4个老婆：第一个老婆伶俐可爱，整天陪着他，寸步不离；第二个老婆是抢来的，是个大美人；第三个老婆，沉溺于生活琐事，让他过着安定的生活；第四个老婆工作勤奋，东奔西忙，使丈夫根本忘记了她的存在。

商人要出远门，为免除长途旅行的寂寞，他决定在4个老婆中选一个陪伴自己旅行，于是把自己的想法告诉了4个老婆。第一个老婆说："你自己去吧，我才不陪你呢！"第二个老婆说："我是被你抢来的，本来就不甘心情愿当你的老婆，我才不去呢！"第三个老婆说："尽管我是你的老婆，可是我不愿意受风餐露宿之苦，我最多送你到城郊。"第四个老婆说："既然我是你的老婆，无论你到哪里我都跟着你。"

于是商人带着第四个老婆开始了旅行。

最后，释迦牟尼说："各位，这个商人是谁呢？就是你们自己。"

在这则故事里，第一个老婆就是指肉体，死后还是要与自己分开的；第二个老婆指财产，它生不带来，死不带去；第三个老婆指自己的妻子，活时两个相依为命，死后还是要分道扬镳；第四个老婆是指自我本性而言，人们时常忘记它的存在，但它却永远陪伴着自己。

我们曾遇一位来访者：

一年前临近退休，工作岗位被调整，患"感染"后服用抗生素左氧氟沙星胶囊治疗，3天后出现失眠、入睡困难、心慌、出汗，找当地"最权威"的精神卫生专家，予服用抗抑郁药米氮平治疗，服用了2次因导致头昏、疲劳而停用。自此开始，跟自己身上的症状耗上了，住院也是VIP病房，每天都有领导、医院内的各方面"权威"专家来提供意见与指导。

一个月之后症状依然没缓解，不断地责怪开抗生素的医生和开米氮平的医生，怀着半信半疑的态度来我们这里进行正念治疗。症状自评量表（SCL-90）检查提示：躯体化量表分中度，其他如抑郁、焦虑、恐怖、强迫、人际关系、敌对、偏执、精神病性等量表分均显示无明显症状；艾森克人格问卷（EPQ）显示：显著的掩饰倾向。

在几次接触中，来访者反复向治疗师表达了自己年轻时的"丰功伟绩"，包括现在能给家人带来诸多"帮助"。且分享了这么一个事儿：一次和外孙去游泳，结果一向擅长这一项目的自己竟被刚学会游泳的外孙赶超了，心里顿时有些落差，觉得自己"是老了"，"生命走下坡路了"。表达时不停哀叹，可以感受到那一刻他是多么的痛苦。而目前又来失眠这么一出，心里非常害怕有一天被"身体上没查出来的疾病"击垮，不能再"颐养天年"，现所拥有的一切都将化为乌有，生命停止。

然而，一方面可能由于身份特殊，另一方面由于心理防御太强，很难进行深层次的心理咨询与治疗。做了几次呼吸正念和身体正念，觉得症状有改善而中断治疗（当然很有可能是对治疗的不信任）。

如此身体不适和内心不安持续了一年之久，期间不时会电话咨询各方面的"医疗专家"，但仍只沉浸在自己的原有观念中。最近体检发现肺部小结节，医生建议做个肺部的增强CT，但他要求做更高端的PET-CT，结果怀疑肺癌，去大城市的专科医院进行了手术，术后发现是孤立性的结核而已。现在他自己开始反思道：这结核可能本身就在，由于这一年自己没有正视焦虑问题，导致免疫功能下降……

诸如此类的病案，我们在临床上不时会遇到，也是过于向外追求而不愿向内追求、不愿正视心灵深处问题的代价，实属可怜与可悲。正如罗状元在《醒世诗》中所感叹：

急急忙忙苦追求，寒寒暖暖度春秋；
朝朝暮暮营家计，昧昧昏昏白了头；
是是非非何日了，烦烦恼恼几时休；
明明白白一条路，万万千千不肯修。

下面再用索甲仁波切《西藏生死书》中的事例来说明向内追求在疗愈身心方面的意义：

1976年，第二世敦珠法王在纽约时，有位身患绝症的美国妇女前去拜见。她一见到法王就开始哭诉："我只能再活几个月了，你能帮助我吗？我快要死了。"法王慈悲地笑了起来，平静地告诉她："不仅是你，我们大家都正在等死，只不过是迟早而已。"听了这几句话，她的焦虑当下消失。随后她皈依佛门，用佛法来调整心态，最后不仅接受了死亡，而且因为全心投入修行，奇迹般地获得了痊愈。

无住

一切不留，无可记忆。虚明自然，不劳心力。

此语出自《信心铭》，意思是：放下一切思虑，想都不要去想它。自然的本性就将显现出来，那个时候，内心空灵，无一物存在，但却很明了、很清净。

《金刚经》也提出：

不应住色生心，不应住声香味触法生心，应生无所住心，若心有住，即为非住。

意思是：此心不应住在色上，也不应住在声、香、味、触、法上。应该没有任何住处而生起清净心。若心有所住，住在一个空的想象上，即认为是非住，这是错误的住心法门。

禅家认为，所有的色、声、香、味、触、法都具有一无所有的本质。人能否真正地、时刻地面对自己根本上的一无所有？如果我们丢不掉贪、嗔、痴，抱着一颗凡夫心在虚拟游戏的六道中轮回，我们的色身就会在虚拟游戏中有生死；反之，如果我们不住色生心，不住声、香、味、触、法生心，也就是说不痴迷在虚拟游戏中，抱着"无所住心"从虚拟游戏中解脱出来，即"出世"，就没有生死。用《金刚经》中的另外一句话说，"无住"就是："过去心不可得，现在心不可得，未来心不可得。"

"无住"的理念在疗愈身心中非常有帮助。因为，许多时候，你越关注和害怕身体上的症状，您就可能变得越敏感，这些症状也就会越顽固。

亲自去实践

我如善导，导人善路，汝若不行，过不在导。我如良医，知病与药，汝若不服，过不在医。

此语出自《佛遗教经》，意思是：我引导你善义的路在那里，你不依我指引的方向走，觅不到你的人生义路，过失不在引导的人。我像一位高明的医生，你有病，我开药方给你；你不吃，病不会好，不能怪医生。

现代的人似乎彼此的信任度很低，部分病人对治疗的依从性很差，去一次医院可能一下子看几个专家，最后搞得自己也无所适从。其实，就看病来说，不同的医生会有不同的经验，就像解数学题可能会有好几种办法一样，这是正常现象。你比较合适的办法是先选择一位信得过的医生，然后按照他提供的方法去实践，再根据出现的情况在实践中修正。

西谚有云："上帝帮助那些自助的人们。"对心理障碍和慢性躯体疾病的治疗更是如此，如果自己不去用行动来实践，痊愈的希望是渺茫的，正如赵州禅师所说："像小便这么简单的事，还得我自己去做，何况成佛的大事，别人岂能代替得了？"下面这则故事也是这一意思：

善财童子在文殊菩萨的激励下，到世界各地参访、拜谒善知识（智者）。他历经五十三参之后，终于功德圆满，大彻大悟了。

其中，在拜会妙月长者时，他曾经问道："自我的实现，是否可由听闻他人谈论般若波罗蜜而得？"

妙月长者说："不能，因为般若波罗蜜，是亲自悟入一切事物的真理真知。"

善财童子不解地问："知识，岂不是由听闻而来？对事物的认识，岂不也是由思考与推理而来？"

妙月长者耐心解释说:"并非如此,二者是一样的。自我的实现,永远不能仅从思考而来。我用一个比喻来向你说明:在一片广袤的沙漠中,没有泉,没有井,没有河流。在烈日炎炎的夏日,一个旅行者从西向东穿行沙漠。途中,他遇到一个从东往西来的人,就说:'我极其干渴,请您告诉我,何处可以找到泉水与阴凉,让我能解渴、沐浴、将体力恢复过来?'从东而来的人告诉他说:'再向东走,路会分成两叉,一左一右。你走右边一条,再继续往前走,一定会找到清泉与阴凉。'你想,这位旅客是否因为听到了关于泉水与阴凉的话,并想:只要继续前进就能到达清凉之地。他的焦渴是否就能得到解除了?"

善财说:"不,并非如此;因为只有当他按着过来人的指示,真正到达泉水之处,饮下它,并在其中沐浴,他才能解除渴热,身体从而得到恢复。"

妙月长者说:"小伙子,禅者生活也是这样。仅是学习、思考与作知识性的了解,永远不能实现任何真理。小伙子,在我所举的例子中,沙漠既是死亡;从西而东者,既是一切众生;热是一切混乱的环境,渴是内心的贪婪;从东而来者,是佛或菩萨,他是开悟的觉者,住于大智慧之中,而能透视到一切真谛,他所告诉我们的,都是他自己已经实践的;饮清泉、解渴、除热,意思是指自己亲身实践真理。"

"再者,小伙子,我要说另一个比喻。假如佛陀在世间再留一劫,用尽一切精确言辞,用尽一切比喻描述,让众人得知甘露的美味与种种妙处。你想,世间众生,是否因听闻了佛说甘露的美好,就能亲身体验到它的美妙吗?"

善财说:"不,不能。甘露的滋味,只有亲自品尝才能知道。"

最后,妙月长者说:"因此,仅仅听闻与思考,永远不能使我们认知般若波罗蜜的智性。"

如果亲自好好地实践,那么总有一天会得到解脱的,下面用灵源惟清禅师的悟道过程来说明:

灵源惟清来到黄龙祖心会下,大家做什么他就跟着做什么,人们跟他谈些禅门机锋转语，他搞得一头雾水，完全不懂。于是他趁夜晚无人时，独自来到大殿诸佛前郑重立誓："只要我能开悟，愿意从此献身弘法，至死不已，生生世世都要弘扬大法！"

之后，他先读玄沙师备的语录，全心全力阅读，读到疲倦了，就靠在墙上休息一下，再起来经行。有一天，在经行时，步伐稍微快了些，鞋子掉了，他俯身去捡时，忽然大悟！

类似的事例在禅林中很多，再如，香严智闲禅师苦参多年，一直不能开悟，有一天在除草时，扫到一块小石子撞击在竹子上，被这一声震悟了。又如洞山良价禅师陷在"只这个是"中犹豫很久，有一天过河时，见到水中的倒影，忽然有所触动而开悟。

人生不复杂

有一僧问："什么是最简单的修行？"

千顷楚南说："最简单的修行就是最伟大的修行，穿衣吃饭上厕所，这就是了！不必读什么佛经研究什么佛理，也不用拜佛念佛烧戒疤，这样不是很简单吗？"

僧又问："那么什么是难？"

千顷楚南说："最难的就是起心动念，只要一念妄想，就被色受想行识的运作束缚住了，被拘锁在欲界、色界、无色界出不来。就是一个妄念起来，就有了生死轮回。所以，佛法教导菩萨们要好好守护当下这一念啊！"

吃饭、睡觉、穿衣、上厕所，就是最简单也是最伟大的修行。这是多么不可思议的教导。尼采在《漂泊者及其影子》中也提出：

当你深陷自我厌恶中时，当你厌烦周围的一切时，当你做什么都疲惫不堪时，该做些什么来养精蓄锐呢？

赌博？宗教？流行的放松疗法？维生素药剂？旅行？饮酒？

不。吃个饱饭，再睡个饱，比平时多睡会儿，才是最好的方法。

睁开眼睛后，你会发现自己焕然一新，充满力量。

可是，许多人每天都这么做，为什么还是浑浑噩噩？因为你没有守护当下这一念，因为你没有保持觉知，看只是看，单纯地活在当下所行之事。能做到吃饭即是纯然地吃饭，上厕所即是纯然地上厕所，期间没有多余的情绪、多余的念头，这就是了。只是凡人喜欢舍近求远，厌易欲难，导致人生的路是越走越复杂。

千顷楚南告诉我们，只要护好心念，人生不复杂。正如《金经大乘法》所说：

念起念止，皆自心。念起则一切烦恼起，念止则一切烦恼止。

这句话的意思是：念头的产生与停止都来自内心，念起则一切烦恼随之而产生，念止则一切烦恼随之而去除。又如：

有人问："世人该怎么做才能得到大自在？"

黄檗无念说："咦！奇怪！在我眼中，每个人都好得不得了，该富贵的人富贵，该贫贱的人贫贱，冷了就穿衣，热了就乘凉，每个人都非常自在啊！"

在禅师眼中，众生一直在享用佛性莫大的妙用，人们的痛苦在于"生在福中不知福"。人们如果起心动念想探索开悟、解脱、涅槃、佛性……不如就在当下一念下手，好好地去体验生命的简简单单过程，正如下面这则故事所示：

一个人一生专心念佛，死后却没有进入他想象的极乐世界，就质问佛说："极乐世界呢？"

佛反问他："你专心念佛的时候有没有杂念？有没有受外界的干扰？心里有没有是非心、名利争？有没有悲苦烦恼？"

他回答说:"没有啊,我只一心念佛。"

佛说:"那么,我不是已经把极乐世界给你了吗?"

控制欲望

贪欲无厌,消散人命,恋著恩爱,无有知足。

此语出自《游行经》,意思是:贪欲无止无尽,人的生命会随时消耗散尽。执着留恋男女之情,则有不知满足、贪欲更甚的危险。

在禅家看来,欲望是痛苦的根源,居贪、嗔、痴三毒之首,欲望不控制,心身永无宁日。下面再举两则禅语来说明欲望的危害:

欲得菩提,要除三惑,不尽三惑,纵得神通,皆是世间有为功用。习气不灭,落于魔道,虽欲除妄,倍加虚伪,如来说为可哀怜者。

此语出自《楞严经》,意思是:欲证得无上菩提,必须要断除贪、嗔、痴三惑,如果不断尽三惑,纵然通过修行,得到神通,也都是世间有为功用,如被天魔利用,必落魔道。在努力修行中,虽然想通过修行灭除虚妄,但到头来却更加虚妄,这就是如来所说的,名为可哀怜者。

多欲为苦。生死疲劳,从贪欲起;少欲无为,身心自在。

此语出自《佛说八大人觉经》,意思是:多欲的人苦恼也多。众生在六道中生死轮回不已,死了又生,生了又死,这样的疲劳辛苦,不就是从贪欲而来的吗?若能少欲少求,不多从事因缘造作,不会为根尘牵累,身心自然就会获得自在了。

尼采也对贪欲进行了严厉的批判,他在《各种意见与箴言》中写道:

人生需要金钱、舒适的住所、健康与足够的食物。拥有了这些，人就能独立，自由地生活。

然而，这些拥有若是过了度，就会令人们变成占有欲的奴隶。为了占有，花费人生的时间，连休息时间也被用于交际，被组织所操纵，甚至被国家所束缚。

人的一生，并非为了不断竞争、拥有更多而存在的。

下面再用亚历山大大帝的故事说明控制欲望的重要性：

当亚历山大大帝远征印度时，这已经是他心目中世界上最后一块未被征服的土地，这时他遇到了圣者笛金。

圣者正在河边沙岸上，裸着身体享受冬天的暖阳。

亚历山大突然发现，这位老人全身放射一种惊人的美！

当一个人的灵魂是美丽的，他的身体上就会出现超凡脱俗的奇美。

亚历山大忍不住下马，说："敬爱的先生……"

他这一生从未用这么恭敬的语气与人说话，所以他有点不习惯，停了一会儿他接下去说："敬爱的先生，您令我印象深刻至极，有没有什么事可以让我为您效劳呢？"

圣者懒洋洋抬起头来，淡淡地看了他一眼，慢慢说："麻烦您站开一些，您挡住了温暖的阳光！除此之外，我没有任何需求。"

亚历山大感动地说："呀！如果我能再活一次，我将请求上帝，我不愿当亚历山大，我愿意成为笛金！"

圣者说："你现在就可以成为笛金了，没有人阻止你！"

亚历山大一愣，说："可是，我现在要去印度，我要征服世界。"

圣者说："征服世界之后，你要做什么？"

亚历山大说："然后我会好好休息。"

一阵大笑，圣者笑不可抑地对他说："你疯了！我现在就在好好休息了，而我并未征服世界，我也看不出有这个必要。我给你一个忠告，如果你当下不休息，你永远也不会休息。"

亚历山大若有所感，他诚恳地说："您的话我会牢记在心底，等我征服了全世界，我一定回来，与您一起享受冬天的日光浴。"

不幸的是，大军还未抵达印度，亚历山大就在半路上病死了。

他永远也没有回到笛金享受日光浴的小河边。

从存在主义哲学和心理学角度看，上述种种贪欲来源于自我保存的冲动或死亡恐惧，正如叔本华在《论人生的智慧》中所言：

已经拥有的东西就像是过气的明星，容易被人们遗忘在墙角，稍有不慎，就会变成过期的罐头，被直接扔掉。难道已经拥有的东西就是你心安理得的缘由吗？

人总是喜欢盯着锅外面，好像碗里的不够吃。不停地保存、不停地拥有，然后不停地丢弃、不停地遗失，难道就没有想过今天刚刚收获的就是昨天刚刚扔掉的？人就是因为永不满足，理直气壮地觉得缺什么就理应有什么。

只有自己才能救自己

自为自依怙，他人何可依？自己善调御，速得证解脱。

此语出自《法句经》，意思是：人的作为只有靠自己，不依靠自己，其他的人又有谁可以依靠呢？不依靠别人，善于调御自己心智的人，才能证得果位。下面这则公案也表达了这一精神：

赵州禅师曾经在干伙头时，把厨房的门锁了，故意烧出满屋子烟雾，大叫说："救火呀！救火呀！"

大家听到叫唤，通通都赶来了。

赵州隔门对大家说："你们说得出来我就开门。"

大家不知这是什么禅机，无言以对。

师父南泉也来了，他暗唪一声："这个调皮的小子！"然后透过窗户缝递进一把钥匙给他，赵州就开门了。

赵州自己把自己困在烟雾弥漫的厨房里，连那呛鼻刺眼的浓烟也是自己烧出来的，可是他却不肯自己打开门。他主导了这个局面，正是精准地指出了人的困境——人之所以不能返璞归真，摆脱烦恼妄念的束缚，恢复无罣碍的心境，都是因自己造成的。自己贪恋六道轮回的火宅，自己不肯打开佛性的大门。正如老鹰乐队的一句歌词所说："我们被锁链束缚，却从不知道钥匙在自己手中。"

所以，在这个时候，外面的人说什么伟大的道理都没有用，因为再伟大的道理也不过是更增添新的浓烟于既有的浓烟之中。如果足够冷静，屋外人大可直接说："你自己出来吧！"可是，众生是怯懦的，是依赖的，很少人可以说出来就自己出来。所以这话契理但不契机，不太管用。

南泉递一把钥匙，象征凭借着法，自己可以度自己，赵州就出来了。其实，南泉若更调皮，也大可任赵州自己玩游戏，玩到他自己受不了浓烟了，他也自然会走出来的。

在我们身心的疗愈过程中也是如此，如果我们能简单点生活，顺从自然规律，身体就会调动自我救护的功能，而恢复健康。反之，纵使有良药也难保健康。例如，对高血压来说，如果生活规律，适当运动，清淡饮食，保持情绪稳定，那么不用药，血压也可能降下来。但是许多人往往选择一边服药，一边大鱼大肉、吸烟喝酒、熬夜加班。遇到这种情况，我们经常感叹："何苦呢！"

另外，这则公案对我们医生和治疗师来说也是具有警醒作用的，我们在做心理治疗和咨询时，如果不能打破来访者的防御机制，如果不能触动其心灵深处，光说道理往往是无效的。正如薇拉·凯瑟所说："事实上，生命的动力来自于内部，而非外部。"弗洛伊德说得更详细："只有当病人已经走近解释，只差一步他自己就可以抓住解释的时候，医生给病人来个画龙点睛，才是恰当的。"下面再举电影《绿野仙踪》中的对白来说明"只有自己才能救自己"：

多萝茜（焦灼）：你能帮助我吗？你可以帮助我吗？

北方女巫（微笑）：你已经不需要别人帮助了。你一直有这力量回肯萨斯。

多萝茜（惊讶）：我有？

稻草人：那你为什么不早告诉我们？

北方女巫：因为她不会相信我，她得自己去认识。

铁皮人：你认识了什么，多萝茜？

多萝茜：我想，我不只是想见亨利伯父和爱伯母，我若再看清楚我心中的渴望，除了家后院我不想看得更远，因为若不是那里，我看不见我人生的起头，是不是这样？

北方女巫：就是这回事。

稻草人：就这么简单，我早就该想到了。

铁皮人：我的心早就感受到了。

北方女巫：她得自己想出来才行，这双仙鞋可以在两秒钟内送你回家。闭上眼睛，双脚合并，鞋跟互碰三次，心里想着，只有家最好……

（多萝茜醒来，惊奇地发现自己躺在家里的床上，伯父伯母慈祥地注视着她。）

体验孤独

有人问：寂寞无依时该怎么办？

南台禅师说：就让他寂寞无依。

从存在主义哲学与心理学角度看，孤独是"人"所共有，只能去超越，但无法逃避。故南台禅师说："就让他寂寞无依"，他还因此作了一首有名的偈子：

> 南台静坐一炉香，终日凝然万虑亡；
> 不是息心除妄想，只因无事可思量。

为了摆脱孤独，许多人就往热闹人多的地方跑，但又可能因无法融入，结果更加深寂寞无依的痛苦感觉。从深层次心理过程看，吸毒、赌博、上网、嗜酒、强迫性冲动都可能与潜意识中恐惧和逃避孤独感有关。

釜底抽薪之计是改变认知：不再痛苦地排斥它，而要去体验它，甚至欢喜地接纳它。孤独有什么不好？就让它孤独；睡不着有什么关系？就让它睡不着。

一旦你接纳了它，它就不再是困扰你的问题，你也就超越了它。我们把这种体验称为"存在正念"（与存在主义心理治疗的术语"在场"或"临在"类似）：释放掉各种意识，比如自己的身体、思维、情绪、健康、疾病、欲望、恐惧等，只是专注于自己的存在感以及"我存在"的状态。正如蜀中无愠禅师所说：

> 闲到心闲始是闲，心闲方可话居山，
> 山中剩有闲生活，心不闲时居更难。

意思是：真正的清闲不是行动上的自在，而是心里清闲，心里清闲了才有资格谈住在山里，山中的生活在世人眼中闲得没事干，如果心里不清闲的人来住山里，就像关在监狱里一样痛苦。

德国哲学家叔本华盛赞这种孤独，他在《人生的智慧》中提出：

> 只有当一个人独处的时候，他才可以完全成为自己。谁要是不热爱独处，那他也就是不热爱自由，因为只有当一个人独处的时候，他才是自由的。
>
> 拘谨、掣肘不可避免地伴随着社交聚会。社交聚会要求人们做出牺牲，而一个人越具备独特的个性，那他就越难做出这样的牺牲。因此，一个人逃避、忍受抑或喜爱独处是和这个人自身具备的价值成比例。因为在独处的时候，一个可怜虫就会感受到自己的全部可怜之处，而一个具有丰富思想的人只会感觉到自己丰富的思想。一言以蔽之：一个人只会感觉到自己的自身。进一步而言，一个人在大自然的级别中所处的位置越高，那他就越孤独，这是根本的，同时也是必然的。如果一个人身体的孤独和精神的孤独互相对应，那反倒对他有好处。否则，跟与己不同的人进行频繁的交往会扰乱心神，并被夺走自我，而对此损失他并不会得到任何补偿。
>
> ……
>
> 孤独、安宁和幸福这三者有什么关系？
>
> 孤独是安宁的前提，安宁是幸福的本质。现代人要学习如何承受孤独，因为孤独是幸福的源泉。孤独者往往不受人注视，就像真正有价值的东西

会被人忽视一样，而受人注意的东西往往缺乏价值。

只有当你学会依靠自己，从万物中感受到自己的时候，才会明白享受孤独是一种多么玄妙的感觉。

叔本华在《论了解自我》中进一步论述了孤独的好处：

我们生活的环境使我们不得不面对许多性格不同、天资迥异的人，这些人会对我们施加种种影响，破坏我们精神的宁静。

唯有独自一人时，才是真正的自己；当一个人感到孤独无依时，他才会获得真正的自由。

学会孤独，不要让自己成为社会的附属品，给精神世界留点空白，才不会时常感到压抑。因为孤独，才不至于失去全部的自我，才能补偿内心的缺失。

尼采也告诫我们不要恐惧孤独，他在《善恶的彼岸》中提出：

大部分人通过社交或是与他人的交际，会明显丧失掉自身的纯粹性，然后会变得更加卑微。

因此，我们应该让自己更加坚韧。不要轻易受到别人的意见或人际关系的左右或熏染，应该保持住原本的自己。

在这方面能够帮助我们的正是我们抛弃的纯洁、勇敢和洞察力，这些能够帮助我们在世间的洪流中不随波逐流。

而且不要恐惧孤独，与其恐惧它不如好好地体会一个人的乐趣。

日本精神医学界曾发展出一种特殊的痛苦治疗法：开始时，病人要单独躺在一间病室的床上，"整天面对他的苦难"；院方要求病人用日记写下他的想法，然后由医师在后面写评语。有一位病人在日记里写："我无法相信我的情况已经改善。"医师的评语是："如果你无法确定，那么就请你继续受苦，不要想摆脱这些苦难。"这种特殊的方法就是"体验孤独"的过程。

过于积极不一定是好事

石室善道有一天跟随石头希迁爬山,走到树丛茂密的地方,石头希迁说:"前面有树挡路,把它砍掉!"

石室善道说:"拿刀子给我吧!"

石头希迁抽出刀子,以刀刃的方向递给他。

石室善道说:"怎么不把刀柄递过来?"

石头希迁说:"你用刀柄干嘛?"

石室善道当下大悟。

山上的树,不管长在什么地方,都是最恰当的位置。人们游山玩水,为了自己的便利,就把挡路的树砍掉,何其暴力!为什么不轻轻绕过?树也安宁,人也可享受寻幽探险的乐趣。

石头希迁所说的:"前面有树挡路,把它砍掉!"其实是用象征语言,意思是:砍掉挡住我们宁静、幸福的"烦恼妄想之树"。这是一种心灵暴力。

因为,要斩断烦恼,就意味着将烦恼视为确有其"树",那就一定砍得很辛苦。何不体会,树也是山的一部分?如果真要游山玩水,应该连同山树一起欣赏,而不是喜欢山却讨厌树,正所谓"烦恼即菩提"。所以,石头希迁故意把刀刃递给石室善道,寓意是:"何必砍树呢?"如果你一定要接刀子去砍树,就会先伤了自己的手。下面这则对话也反映了这一精神:

问:"如果我想成佛,这样如何?"

赵州禅师说:"这样太费力了!"

问:"如果不费力呢?"

赵州禅师说:"如果不费力,就已经成佛了。"

这对我们临床疗愈身心大有指导意义。例如,我们一有感冒发烧就用抗生

第七章 疗愈身心的禅语、诗偈和公案选析

素,结果就会导致把有益的细菌也杀死,进而导致人体菌群失调,免疫功能下降,耐药细菌产生。在心理障碍治疗方面也是如此,来访者一说情绪低落、失眠紧张,医生如果很积极地予以抗抑郁药,结果来访者就可能失去探索心灵深处的机会。肿瘤的治疗更是如此,不断的手术、放疗、化疗,结果肿瘤细胞没有了,生命也完结了。正如尼采在《曙光》中所写:

> 有些人爬山的时候就好像是山林中的野兽,无所畏惧,勇往直前。即便是汗水湿透衣背,心中惦念的仍然是那远处的顶峰。虽然攀登的途中有无数良辰美景,却无心欣赏,在意的只有那下一步的步伐。

类似的悲剧天天在发生,不觉得可悲吗?下面再用日本剑客宫本武藏和柳生又寿郎的故事来说明"过于积极不一定是好事":

> 柳生又寿郎由于年少荒嬉,不肯接受父亲的教导专心习剑,被父亲逐出了家门。于是受了刺激的柳生,发誓要成为一名伟大的剑手,而独自跑到一荒山,去见当时最负盛名的宫本武藏,要求拜师学艺。
>
> 拜见了宫本武藏,柳生热切地问道:"假如我努力学习,需要多少年才能成为一流的剑手?"
>
> 宫本武藏说:"你的全部余生!"
>
> "我不能等那么久,"柳生更急切地说,"只要你肯教我,我愿意下任何苦功去达成目的,甚至当你的仆人跟随你。那需要多久的时间?"
>
> "那,也许需要10年。"宫本武藏说。
>
> 柳生更着急了:"哎呀!家父年事已高,我要在他生前就看见我成为一流的剑手。10年太久了,如果我加倍努力学习需时多久?"
>
> "嗯,那也许要30年。"宫本武藏缓缓地说道。
>
> 柳生急得快哭出来了,说:"如果我不惜任何苦功,夜以继日地练剑,需要多少时间?"
>
> "哦,那可能要70年,"宫本武藏说,"或者这辈子再也没有希望成为剑手了。"

此时，柳生心里纠结着一个大疑团："这怎么说呀？为什么我越努力，成为第一流剑手的时间就越长呢？"

宫本武藏答道："要当一流剑客的先决条件，就是必须永远保留一只眼睛注视自己，不断反省自己。现在，你两只眼睛都只盯着剑客的招牌，哪里还有眼睛注视自己呢？"

柳生听了，满头大汗，当场开悟，终成一代名剑客。

坦呈自我

睦州陈尊宿问来参访的僧人："最近从哪里来呢？"

僧人说："从江西来。"

陈尊宿问："踏破多少双草鞋了？"

僧人听了，茫无头绪，竟回答不出。

陈尊宿突然问："踏破多少双草鞋了？"是天马行空的神来之笔，当下截断僧人的意识念流，他惊愕住了，不知如何回答。无论从禅学还是心理学角度说，不知如何回答就不回答是正确的，总比没话找话说来得真实。这在禅学中称"直心"，在心理学中称"坦呈自我"。

总是要说点什么话，是我们许多现代人的大毛病，与"自我感"太重有关；或者是由于内心太自卑，所以需要用外在的东西来"证明"一下。正如下面的对话所示：

一个行脚和尚来参访法真禅师。

法真问他："悟道的人把东叫做什么？"

和尚说："不能叫做东。"

法真骂说："你这个臭笨驴！不叫东叫什么？"

和尚哑口无言。

叔本华赞成这种"坦呈",他说:"诚实的狗的摇尾示好,比人们的那些表面工夫更有价值"。尼采也高度赞成"坦呈"的行为,他在《善恶的彼岸》中写道:

两人就同一件事进行叙述。一个人讲得很差,另一个人讲得很好。其中的差距并非说话的技术。

讲得很差的人,为了让听众产生兴趣,使用了不少夸张的表现手法。听众也能感受到他的意图与卑贱。

另一人对那件事真的有兴趣,言语之中透着诚实,毫不矫揉造作。所以听众也能感受到真挚,便会竖起耳朵,使用想象力,将说话人的兴趣变为自己的。

书籍也好,演员的演技也罢,都是如此。我们的活法也不例外。

需要注意的是,禅师打断问话人还有一层意思,我们叫"反诘",就是促进问话者内省,发现"真我"。因为,当你在说话时,突然被打断,在那一刹那你会特别警醒,由于机械惯性被外力斩断,真正的自我就会得到一个短暂的闪现机会。可惜的是,一般人在那一瞬间后,又被惯性的情绪、疑惑填满,如愤怒对方为何如此无礼,或质疑对方为何打断自己的话,真我又被五蕴幻网缠住了。

不要多事

有一回,一个人对大师说:"刚才有人端了一盘金元宝在路上走。"

大师说:"干我何事?"

那人又说:"后来他把金元宝端进你家了。"

大师说:"那干你何事?"

是的,一个人做什么,干他人何事?再如:

僧人问："怎么样才能说出那个真理的秘密？"

赵州咳嗽了一声。

僧人急着问说："莫非就是这个？"

赵州笑着说："老僧咳嗽一下也不行吗？"

你也太敏感了吧，我的咳嗽与你何干啊！

从疗愈身心方面看，管闲事和敏感之人，就会经常处于应激状态，身心的健康往往不佳，容易生病。所以，保持平常心，不要多事。正如平田普岸禅师在诗偈《大道虚旷》中所说：

大道虚旷，常一真心，
善恶勿思，神清物表，
随缘饮啄，更复何为？

意思是说：真理像虚空一样辽阔无边，事事物物处处无一不是真理，如果你能不去分别这是善那是恶，那么真理自然会在你眼前显现出来，如果你已经知道，我们随时都在真理之中，除了随缘生活，还有什么好伤脑筋的呢？

生活本来就是这么单纯。然而，人心难平，不能安于"平常心"，常被头脑中的念头驱赶着做这做那，一刻也不得消停，所以麻烦也多。

寻找"真我"

切忌从他觅，迢迢与我疏。
我今独自往，处处得逢渠。
渠今正是我，我今不是渠。
应须恁么会，方得契如如。

这是洞山禅师在渡过一条溪流时，见到自己在水中的倒影，大彻大悟，而写下的偈子，意思是：真我不可向外求，越求越远；我今日独自行走，处处都遇到水中的倒影。倒影正是我，但我已不是倒影了。必须这么体会，才能契合如如。

看着自己在水中的倒影或镜中影像，会让人意识到"虚实"的问题：我们有很多个"我"，有些"我"就像水中倒影般，其实是虚幻无常的。我们应该有一个真实的"我"，生命的追寻必须能"契合"这个真实的"我"，才算圆满。佛法，就是要在众多的我中，帮你找到那个真正的"我"。长沙景岑禅师提出：

> 学道之人不识真，只为从来认识神，
> 无始劫来生死本，痴人唤作本来人。

意思是：修道人不能认识真正的自己，乃是因为错把识神当成我。其实，识神是无始劫来轮回生死的根本，只有愚痴的人才会把它当作本来的自己。

这里的识神就是"假我"。许多修道之人无法认识"真我"，我们大众更是很难区别"假我"与"真我"。

我们认为，从通俗的角度看，"假我"与"真我"的区别主要在动机方面。"假我"的动机往往是利己的、自私的，是存在"我执"和"法执"的。有时尽管表面上看是"做善事"，但真正的动机是"非常阴暗"的。这种情况在我们周围非常常见，那些"伪君子"、"作秀者"（满嘴仁义道德，一肚子男盗女娼）的表现均属"假我"所为，中国人的"人情观"、"面子观"也属"假我"。"真我"的动机往往是从敬畏生命的角度、宇宙的角度、人类的角度出发，是慈悲的、利他的，是无"我执"和"法执"的。

需要注意的是，"假我"跟"作恶"、"真我"与"行善"不存在对等的关系。故佛经提出："以无执著心行善恶皆无咎。"意思是，若人以无执著的心，不论是作恶或行善，都没有过错。换句话说就是，即使一般人认为是恶事，而人以无执著的心来做，连一点罪也没有。相反的，即使是一般人认为的善事，而人以执著的心来做，则谈不上任何功德。借用尼采在《曙光》中的话说就是：

> 行为符合道德的人，并不一定是道德的人。

也许他只是服从于道德,也许他并无主见,只是为了面子而已。

抑或是因为骄傲自满,也有可能是束手无策,只得放弃,甚至可能是觉得麻烦,才故意选择符合道德的行为。

所以,我们无法将符合道德的行为认为道德,道德的真假,无法根据行为来判断。

可以看出,寻找"真我"对完善人格、弥补道德教育的缺陷、促进健康和幸福有益。正如下面这则故事所示:

从前,有位统治者苦苦思索有关生命的问题。他想了解善恶的本质,于是命令仆人给他找来世界上最好、最美、最宝贵的器官。仆人拿来了动物的心脏和舌头。统治者盯着这些器官,思索它们的含义。随后,他又派仆人去找来世界上最坏、最丑、最没用的器官。仆人出去了,回来的时候还是拿着一颗心脏和一只舌头。

统治者惊奇地问:"你拿来的最好的器官是心脏和舌头,最差的也是心脏和舌头,这是怎么回事?"仆人毕恭毕敬地答道:"如果人的思想感受发自内心,舌头忠实地表达真情实意,那么心脏和舌头就是最宝贵的器官,拥有这样的心脏和舌头的人就会健康幸福。但是,一旦人拒绝表露真心,否认真情实感,舌头欺瞒哄骗,那么心脏和舌头对人就是一种惩罚,因为在外播下的不会填满内心,驱散人的幸福。"

信心铭

至道无难,唯嫌拣择。但莫憎爱,洞然明白。

毫釐有差,天地悬隔。欲得现前,莫存顺逆。

违顺相争,是为心病。不识玄旨,徒劳念静。

圆同太虚,无欠无余。良由取舍,所以不如。

莫逐有缘,勿住空忍。一种平怀,泯然自尽。

止动归止，止更弥动。唯滞两边，宁知一种。
一种不通，两处失功。遣有没有，从空背空。
多言多虑，转不相应。绝言绝虑，无处不通。
归根得旨，随照失宗。须臾返照，胜却前空。
前空转变，皆由妄见。不用求真，唯须息见。
二见不住，慎勿追寻。才有是非，纷然失心。
二由一有，一亦莫守。一心不生，万法无咎。
无咎无法，不生不心。能随境灭，境逐能沉。
境由能境，能由境能。欲知两段，元是一空。
一空同两，齐含万象。不见精粗，宁有偏党。
大道体宽，无易无难。小见狐疑，转急转迟。
执之失度，必入邪路。放之自然，体无去住。
任性合道，逍遥绝恼。系念乖真，昏沉不好。
不好劳神，何用疏亲。欲取一乘，勿恶六尘。
六尘不恶，还同正觉。智者无为，愚人自缚。
法无异法，妄自爱著。将心用心，岂非大错。
迷生寂乱，悟无好恶。一切二边，良由斟酌。
梦幻虚华，何劳把捉。得失是非，一时放却。
眼若不睡，诸梦自除。心若不异，万法一如。
一如体玄，兀尔忘缘。万法齐观，归复自然。
泯其所以，不可方比。止动无动，动止无止。
两既不成，一何有尔。究竟穷极，不存轨则。
契心平等，所作俱息。狐疑尽净，正信调直。
一切不留，无可记忆。虚明自照，不劳心力。
非思量处，识情难测。真如法界，无他无自。
要急相应，唯言不二。不二皆同，无不包容。
十方智者，皆入此宗。宗非促延，一念万年。
无在不在，十方目前。极小同大，妄绝境界。
极大同小，不见边表。有即是无，无即是有。

若不如是，必不须守。一即一切，一切即一。
但能如是，何虑不毕。信心不二，不二信心。
言语道断，非去来今。

《信心铭》是禅宗三祖僧璨所作，它可以帮助我们更好地树立起修禅的正知正见，虽然文字不多，但可以说它字字珠玑，对禅修者来说，极富指导意义。如果我们能把它背诵下来，并时时任意拈取其中一句，细细品味，对我们疗愈身心具有极大的利益，故录于此。下文是直译，供读者参考：

悟道不难，由心而悟；为何不悟，只在分别。
诸相皆幻，莫取憎爱；如实观照，自然明了。
会与不会，一念之差；成圣成凡，天地之别。
若欲真现，唯除妄心；除妄之法，莫存顺逆。
妄起分别，违顺成病；明真一如，不药而愈。
不识要旨，如何起修；盲修瞎练，所做徒劳。
本心具足，圆同太虚；不增不减，无欠无余。
只因取舍，分别对待；所以不明，真如本心。
心莫攀缘，不执於有；心勿空忍；不执於无。
空有不住，平常心境；此无彼灭，相对自尽。
欲止妄念，由动归静；若止此心，妄念更动。
止动求静，唯滞两边；生灭打转，怎知真心。
不明真心，如何下手；空有两处，徒劳失功。
遣有之心，有反不去；从空之心，空反背空。
多言外求，多虑内思；识心更起，转不相应。
绝言不攀，绝虑不妄；妄息真现，无处不通。
回归根本，便得要旨；随尘而去，则失心宗。
不怕念起，只怕觉迟；须臾返照，胜前空境。
前有后空，转变之境；空有之相，妄见所起。
不用求真，真心本有；因妄迷真，息见则现。
相对不存，两边不住；了知此理，慎勿追寻。

若入二见，是非对待；便起纷然，失其净心。
相对知见，一心而起；回归此心，亦莫执守。
一心不生，诸缘不入；此心清净，万法无咎。
万法无咎，何用万法；已是无心，不执清净。
心随境灭，境逐心沈；心本无生，因境而有。
境因心有，心能显境；境本无分，因心而别。
心境两段，因缘所生；此为不实，元是一空。
缘起性空，一空同两；性空缘起，齐含万象。
自性本空，不存知见；无分精粗，岂有偏袒。
心量广大，能包太虚；无易无难，唯嫌拣择。
小根之人，不信自佛；向外修行，越急越慢。
执法而修，失机自度；心已不正，必入邪路。
万缘放下，一切自然；心体无住，任运而行。
任顺本性，合道相应；逍遥自在，自绝烦恼。
刻意系念，乖离真心；放任随去，昏沉不好。
自然修行，不好劳神；道本平常，何用疏亲。
欲取佛乘，一切无碍；心净不染，勿恶六尘。
六尘无过，并非罪恶；能悟此理，还同正觉。
三界无物，故智无为；愚人误有，自缚其心。
是法平等，无有高下；妄自分别，贪爱执著。
真心本有，其心本净；以心找心，岂非大错。
心迷则生，寂静动乱；悟无好恶，动静自在。
一切对待，皆是二边；妄心自分，思维斟酌。
身心世界，梦幻空花；虚妄不实，何劳把捉。
得失之心，是非之事；一时放却，便契大道。
眼若不睡，其人清醒；迷幻不起，诸梦自除。
若见诸相，心不分别；万法实相，本是一如。
归一真如，体不思议；其心不动，万缘忘却。
万法齐观，其性平等；归复面目，本来自然。

泯除相对，破除分别；更不可以，计度比较。
若欲止动，无动可止；动止而静，无静可止。
动止相对，既然不成；绝对一名，何有此事。
究竟之地，穷极之处；真心不存，一切轨则。
契入真心，一切平等；所作行为，全部俱息。
妄息真现，疑惑尽净；正信已立，心性调直。
妄执以破，一切不留；心如虚空，无可记忆。
虚明如镜，物来自照；不假方便，不劳心力。
真如体性，非思可量；真如妙用，识情难测。
真如之性，一真法界；无二无别，无他无自。
要契真如，急于相应；唯言此道，不二法门。
十方法界，不二皆同；森罗万象，无不包容。
十方智者，因悟不二；皆入此心，万流归宗。
心无时间，非促非延；一念万年，万年一念。
心非一物，故无空间；无在不在，十方即是。
极小微尘，大同世界；妄绝境界，小大无二。
极大世界，同小微尘；不见边表，大小无二。
有是缘生，无是本因；无是缘生，有是本因。
修行境界，若不如是；切莫滞守，往前迈进。
由体而用，一即一切；由用归体，一切即一。
但能如是，依此而修；何忧何虑，道业不毕。
建立信心，须悟不二；已证不二，真正信心。
证道境界，无以言说；一念顿悟，三心不得。

证道歌

君不见，

绝学无为闲道人，不除妄想不求真，无明实性即佛性，幻化空身即法身，

第七章 疗愈身心的禅语、诗偈和公案选析

法身觉了无一物，本源自性天真佛，五阴浮云空去来，三毒水泡虚出没。
证实相，无人法，刹那灭却阿鼻业，若将妄语诳众生，自招拔舌尘沙劫。
顿觉了，如来禅，六度万行体中圆，梦里明明有六趣，觉后空空无大千。
无罪福，无损益，寂灭性中莫问觅，昔来尘镜未曾磨，今日分明须剖析。
谁无念，谁无生！若实无生无不生，唤取机关木人问，求佛施功早晚成。
放四大，莫把捉，寂灭性中随饮啄，诸行无常一切空，即是如来大圆觉。
决定说，表真乘，有人不肯任情征，直截根源佛所印，摘叶寻枝我不能。
摩尼珠，人不识，如来藏里亲收得，六般神用空不空，一颗圆光色非色。
净五眼，得五力，唯证乃知难可测，镜里看形见不难，水中捉月争拈得？
常独行，常独步，达者同游涅槃路，调古神清风自高，貌悴骨刚人不顾。
穷释子，口称贫，实是身贫道不贫，贫则身常披缕褐，道则心藏无价珍。
无价珍，用无尽，利物应机终不吝，三身四智体中圆，八解六通心地印，
上士一决一切了，中下多闻多不信，但自怀中解垢衣，谁能向外夸精进。
从他谤，任他非，把火烧天徒自疲，我闻恰似饮甘露，销融顿入不思议。
观恶言，是功德，此即成吾善知识，不因讪谤起冤亲，何表无生慈忍力。
宗亦通，说亦通，定慧圆明不滞空，非但我今独达了，恒沙诸佛体皆同。
狮子吼，无畏说，百兽闻之皆脑裂，香象奔波失却威，天龙寂听生欣悦。
游江海，涉山川，寻师访道为参禅，自从认得曹溪路，了知生死不相关。
行亦禅，坐亦禅，语默动静体安然，纵遇锋刀常坦坦，假饶毒药也闲闲，
我师得见燃灯佛，多劫曾为忍辱仙。
几回生，几回死，生死悠悠无定止，自从顿悟了无生，于诸荣辱何忧喜。
入深山，住兰若，岑崟幽邃长松下，优游静坐野僧家，闃寂安居实潇洒。
觉即了，不施功，一切有为法不同，住相布施生天福，犹如仰箭射虚空。
势力尽，箭还坠，招得来生不如意，争似无为实相门，一超直入如来地。
但得本，莫愁末，如净瑠璃含宝月，既能解此如意珠，自利利他终不竭。
江月照，松风吹，永夜清宵何所为，佛性戒珠心地印，雾露云霞体上衣。
降龙钵，解虎锡，两钴金环鸣历历，不是标形虚事持，如来宝杖亲踪迹。
不求真，不断妄，了知二法空无相，无相无空无不空，即是如来真实相。
心镜明，鉴无碍，廓然莹彻周沙界，万象森罗影现中，一颗圆光非内外。

豁达空，拨因果，莽莽荡荡招殃祸，弃有著空病亦然，还如避溺而投火。
舍妄心，取真理，取舍之心成巧伪，学人不了用修行，真成认贼将为子。
损法财，灭功德，莫不由斯心意识，是以禅门了却心，顿入无生知见力。
大丈夫，秉慧剑，般若锋兮金刚焰，非但空摧外道心，早曾落却天魔胆。
震法雷，击法鼓，布慈云兮洒甘露，龙象蹴踏润无边，三乘五性皆醒悟，
雪山肥腻更无杂，纯出醍醐我常纳，一性圆通一切性，一法遍含一切法，
一月普现一切水，一切水月一月摄，诸佛法身入我性，我性同共如来合，
一地具足一切地，非色非心非行业，弹指圆成八万门，刹那灭却三祇劫，
一切数句非数句，与吾灵觉何交涉。
不可毁，不可赞，体若虚空无涯岸，不离当处常湛然，觅即知君不可见。
取不得，舍不得，不可得中祇么得。
默时说，说时默，大施门开无壅塞，有人问我解何宗，报道摩诃般若力，
或是或非人不识，顺行逆行天莫测，吾早曾经多劫修，不是等闲相诳惑。
建法幢，立宗旨，明明佛勅曹溪是，第一迦叶首传灯，二十八代西天记。
法东流，入此土，菩提达摩为初祖，六代传衣天下闻，后人得道何穷数。
真不立，妄本空，有无俱遣不空空，二十空门元不著，一性如来体自同。
心是根，法是尘，两种犹如镜上痕，痕垢尽除光始现，心法双忘性即真。
嗟末法，恶时世，众生福薄难调制，去圣远兮邪见深，魔强法弱多怨害，
闻说如来顿教门，恨不灭除令瓦碎。
作在心，殃在身，不须怨诉更尤人，欲得不招无间业，莫谤如来正法轮！
旃檀林，无杂树，郁密森沈狮子住，静林间，独自游，飞禽走兽皆远去。
狮子儿，众随后，三岁便能大哮吼，若是野干逐法王，百年妖怪虚开口。
圆顿教，勿人情，有疑不决直须争，不是山僧逞人我，修行恐落断常坑。
非不非，是不是，差之毫厘失千里，是则龙女顿成佛，非则善星生陷坠，
吾早年来积学问，亦曾讨疏寻经论，分别名相不知休，入海算沙徒自困，
却被如来苦诃责，数他珍宝有何益。从来蹭蹬觉虚行，多年枉作风尘客。
种性邪，错知解，不达如来圆顿制，二乘精进没道心，外道聪明无智慧。
亦愚痴，亦小騃，空拳指上生实解，执指为月枉施功，根境法中虚捏怪，
不见一法即如来，方得名为观自在。

第七章 疗愈身心的禅语、诗偈和公案选析

了即业障本来空,未了应须还夙债。
饥逢王膳不能餐,病遇医王争得瘥。
在欲行禅知见力,火中生莲终不坏,勇施犯重悟无生,早时成佛于今在。
狮子吼,无畏说,深嗟懵懂顽皮靼,只知犯重障菩提,不见如来开秘诀。
有二比丘犯淫杀,波离萤光增罪结,维摩大士顿除疑,犹如赫日销霜雪。
不思议,解脱力,妙用恒沙也无极,四事供养敢辞劳,万两黄金亦消得,粉身碎骨未足酬,一句了然超百亿。
法中王,最高胜,恒沙如来同共证,我今解此如意珠,信受之者皆相应。
了了见,无一物,亦无人,亦无佛,大千沙界海中沤,一切圣贤如电拂。
假使铁轮顶上旋,定慧圆明终不失。
日可冷,月可热,众魔不能坏真说,象驾峥嵘慢进途,谁见螳螂能拒辙。
大象不游于兔径,大悟不拘于小节,莫将管见谤苍苍,未了吾今为君诀。
永嘉证道歌(终)

此为唐慎水沙门玄觉撰,是大师悟道后心得精华的文字记录,是一个真正悟道者的见解。不但见解高深,而且诗歌节奏铿锵有力,朗朗上口,这首歌在教内教外广为传诵,启发着现在和将来希望早点觉悟的人们。录于此,有兴趣的读者可试着自行去参、去悟。

主要参考书目

[1] 包祖晓. 与自己和解：用禅的智慧治疗神经症 [M]. 第 1 版. 北京：华夏出版社，2015.

[2] 中华医学会精神科分会. 中国精神障碍分类与诊断标准 [M]. 第 3 版. 济南：山东科学技术出版社，2001.

[3] Mark Williams, Danny Penman. 正念禅修 [M]. 刘海青 译. 第 1 版. 北京：九州出版社，2013.

[4] 马克·威廉姆斯，约翰·蒂斯代尔，津戴尔·塞戈，等著. 改善情绪的正念疗法 [M]. 谭浩清 译. 第 1 版. 北京：中国人民大学出版社，2009.

[5] 乔·卡巴金. 正念 [M]. 雷叔云 译. 第 1 版. 海南：海南出版社，2012.

[6] Shamash Alidina. 正念冥想：遇见更好的自己 [M]. 赵经纬，刘宁，李如彦 译. 第 1 版. 北京：人民邮电出版社，2014.

[7] 胡适. 心与禅 [M]. 第 1 版. 北京：新世界出版社，2012.

[8] 宗萨蒋扬钦哲仁波切. 正见：佛陀的证悟 [M]. 第 1 版. 北京：中国书籍出版社，2011.

[9] 艾雅·凯玛. 禅与自在解脱 [M]. 陈锦书 译. 第 1 版. 深圳：深圳报业集团出版社，2009.

[10] 圣严法师. 禅的体验 [M]. 第 1 版. 西安：陕西师范大学出版社，2009.

[11] 王溢嘉. 洗心禅 [M]. 第 1 版. 北京：国际文化出版公司，2007.

[12] 释继程. 心的锻炼：禅修的观念与方法 [M]. 第 1 版. 北京：世界知识出版社，2011.

[13] 廖阅鹏. 禅门诗偈三百首 [M]. 第 1 版. 北京：九州出版社，2012.

[14] 廖阅鹏. 禅门语录三百篇 [M]. 第 1 版. 北京：九州出版社，2012.

[15] 廖阅鹏. 禅门公案三百则 [M]. 第 1 版. 北京: 九州出版社, 2012.

[16] 许添盛. 我心医我病: 新时代身心灵整体健康观 [M]. 第 1 版. 北京: 华文出版社, 2010.

[17] 欧文·D. 亚隆. 存在主义心理治疗 [M]. 黄峥, 张怡玲, 沈东郁 译. 第 1 版. 北京: 商务出版社, 2015.

[18] 兰德尔·菲茨杰拉德. 百年谎言: 食物和药品如何损害你的健康 [M]. 但汉松, 董苹 译. 第 2 版. 北京: 北京师范大学出版集团, 2011.

[19] 大卫·阿古斯. 无病时代: 走出健康误区, 终结盲目医疗! [M]. 陈婷君 译. 第 1 版. 北京: 中信出版社, 2014.

[20] 易喜燕, 翟飚. 佛家养生语录 [M]. 第 1 版. 重庆: 重庆出版集团, 2008.

[21] 路泉刚, 穆国库, 李艳琴, 等. 向佛门学点养心治病之道 [M]. 第 1 版. 重庆: 重庆出版集团, 2010.

[22] 徐钧. 当弗洛依德遇见佛陀: 心理治疗师对话佛学智慧 [M]. 第 1 版. 北京: 线装书局, 2012.

[23] 李良松. 佛陀医话 [M]. 第 1 版. 北京: 学苑出版社, 2014.

[24] 李良松. 佛教精神医学 [M]. 第 1 版. 北京: 学苑出版社, 2014.

[25] 拉德米拉·莫阿卡宁. 荣格心理学与藏传佛教: 东西方的心灵之路 [M]. 蓝莲花 译. 第 1 版. 北京: 世界图书出版社, 2015.

[26] 托瓦尔特·德特雷福仁, 吕迪格·达尔可. 疾病心理学 [M]. 易之新 译. 第 1 版. 上海: 上海三联书店, 2014.

[27] 莎朗·莎兹伯格. 冥想的力量: 28 天体会真正的快乐 [M]. 董智颖, 郭薇, 漆文欣 译. 第 1 版. 北京: 电子工业出版社, 2013.

[28] 罗斯·霍恩. 现代医疗批判 [M]. 姜学清 译. 第 1 版. 上海: 上海三联书店, 2005.

[29] 卡尔·古斯塔夫·荣格. 心理结构与心理动力学 [M]. 关群德 译. 第 1 版. 北京: 国际文化出版公司, 2011.

[30] 张玉龙. 疾病的价值 [M]. 第 1 版. 桂林: 广西师范大学出版社, 2014.

后　记

现代人天天讲求所谓的"生活品质"、"健康长寿",却常常忘记"心灵品质"和"生命品质",它包含"死亡"、"自由与责任"、"孤独"、"意义"等"存在性"问题。对这些问题的态度直接影响着我们的生活和成长方式,也影响着我们衰老和生病的方式。

现在市面上许多关于养生保健、疾病治疗的知识和方法都停留在意识的表面层次,根本没有涉及"人"的深层次问题,用其疗愈病痛就像是隔靴搔痒。

"莫搔不痒之处。"伟大的阿道夫·迈耶如是忠告一代精神病学学生。本书即在这一精神的指引下完稿的。

如果大家能放弃对医生及药物的过度依赖,如果大家愿意放弃对生命体毫无意义的诊疗和干预;如果大家在向往不朽,希望有归属、关联和意义的同时,有勇气用禅的智慧去面对不可避免的死亡、自由与责任、孤独和无意义,我相信长期下来将有助于提升国民的健康水平、改善患者的用药情况、打破趋于僵化的医疗现状。

如此,我心甚慰!

图书在版编目（CIP）数据

唤醒自愈力：用禅的智慧疗愈身心/包祖晓著. --北京：华夏出版社，2016.8（2018.1重印）
ISBN 978-7-5080-8873-0

Ⅰ. ①唤… Ⅱ. ①包… Ⅲ. ①禅宗－心理健康－普及读物 Ⅳ. ①R395.6-49

中国版本图书馆 CIP 数据核字（2016）第 149346 号

唤醒自愈力：用禅的智慧疗愈身心

作　　者	包祖晓
责任编辑	梁学超　苑全玲
出版发行	华夏出版社
经　　销	新华书店
印　　刷	三河市少明印务有限公司
装　　订	三河市少明印务有限公司
版　　次	2016 年 8 月北京第 1 版 2018 年 1 月北京第 3 次印刷
开　　本	720×1030　1/16 开
印　　张	13.25
字　　数	209 千字
定　　价	39.00 元

华夏出版社　地址：北京市东直门外香河园北里 4 号　邮编：100028
网址：www.hxph.com.cn　电话：(010) 64663331（转）
若发现本版图书有印装质量问题，请与我社营销中心联系调换。